爱夜光杯 爱上海 2018

新民晚报副刊部 主编

文汇出版社

图书在版编目(CIP)数据

爱夜光杯 爱上海·2018/新民晚报副刊部主编.
—上海：文汇出版社,2018.8
ISBN 978-7-5496-2681-6

Ⅰ.①爱… Ⅱ.①新… Ⅲ.①散文集-中国-当代
Ⅳ.①I267

中国版本图书馆CIP数据核字(2018)第161523号

爱夜光杯 爱上海·2018

出 版 人：	桂国强
主　　编：	新民晚报副刊部
选　　编：	刘　芳　郭　影　吴南瑶　史佳林
责任编辑：	张　涛
特约编辑：	桂小菲
装帧设计：	梁业礼

出版发行：文汇出版社
　　　　　上海市威海路755号　邮政编码：200041
经　　销：全国新华书店
印刷装订：上海天地海设计印刷有限公司

版　　次：	2018年8月第1版
印　　次：	2018年8月第1次印刷
开　　本：	889×1194　1/32
字　　数：	180千字
印　　张：	9.5(插页2)

ISBN：978-7-5496-2681-6
定　价：35.00元

·版权所有　侵权必究·

"夜光杯"的编辑们　　　　　　张龙　陶磊／摄

目 录

第一辑

李　辉：黄宗英　文集亮相，大爱在心…………3

林青霞：十八岁的孩子们…………11

韩少功：忆康濯先生…………14

徐锦江：她们流光溢彩…………18

池　莉：假如你没有吃过菜薹…………23

戴　醒：南照：我心向往之的地方…………26

陈　村：回望《繁花》…………29

林少华：领带哪儿去了？…………32

胡中行：《诗词大会》之后…………36

王　蒙：梦回家园…………47

郭文斌：我错了…………50

张　本：母亲周小燕周年祭…………53

刘心武：铁木后传…………58

任溶溶：说译名…………62

贺小珉：忆老爸贺友直…………64

孙琴安：不领孙辈的老人自私吗？…………69

詹　丹：墓地…………73

叶永烈：见字如面…………77

第二辑

管继平：微信见人心……83

吴 霜：等待父亲和母亲……87

薛 舒：你爱我吗？……92

杨 扬：我的老师钱谷融先生……96

梅子涵：岁月……104

张怡微：将来的你……108

叶国威：董桥书房剪影……111

秦文君：伴我成长的淮海路……115

梁波罗：今夜燕归来——又见王丹凤……119

张国立：送咖啡的快递女孩……123

徐慧芬：洗脑……127

孙佳音：余秀华 成名这两年……131

曹可凡：梦开始的地方……139

李大伟：上海男人的细节密码……142

童自荣：算是一些小小插曲……146

叶兆言：因酒之名……150

沈轶伦：老先生的礼数……153

钱佳楠：努力加餐饭……156

第三辑

郎绮屏：妈妈需要另一种爱……161

红孩女：一场相隔九十载的神交……164

张　胤：读书是门槛最低的高贵……168

赵丽宏：说真话，才有力量……171

郁钧剑：难忘那年哨所演出……174

马塞洛：情场与职场……178

王汝刚：参观友谊商店……181

韩天衡：胡问遂先生三二事……184

陈今夫：报应何时了……187

王辉城：人生不相见……191

章迪思："南东"与"南西"……194

奚美娟：被爱心打动……198

陈　美：活在期盼里，就是快乐……201

沈嘉禄：对2018米其林说几句心里话……205

郭　影：冯骥才　拉着生命的马车不放手……209

陈建兴：传呼电话记趣……214

徐根宝：辛苦的"老老板"……218

杨忠明：老上海记忆中的"中央商场"……221

第四辑

姚　霏：你可以哭一会儿……227

李　动：何处养老……230

冯　唐：因为火炉，想念北京的冬天…………233

陈世旭：与人欢喜　自己欢喜…………237

曹　鹏：令人肃然起敬的团队…………240

苏　秀：那小小的天鹅阁…………243

迟子建：琥珀年华…………247

顾　土：家乡哪里…………251

海　波：兄弟眼中的真路遥…………254

华心怡："顽主"史依弘…………261

彭瑞高：活着，而且永远年轻…………268

肖复兴：当时只道是寻常…………272

薛理勇：老底子，上海人是这样过冬的…………275

王丽萍：街头即景…………282

周炳揆：退休了住哪儿？…………285

高明昌：你只管善良下去…………288

胡晓军：暗香凝寒，疏影重遇…………292

郭凯敏："现在开始应该是我找您了"…………296

后　记…………299

爱夜光杯
爱上海

2018

第一辑

黄宗英　文集亮相，大爱在心

原创 2017-01-01 李辉

昨天，《黄宗英文集》读者分享会在思南文学之家举行。著名导演郑君里的儿子、著名演员上官云珠的儿子以及黄宗江的女儿等亲朋好友，与读者朋友齐聚一堂，谈他们眼中的黄宗英印象。旧的一年由此翻过，新的一年如期到来，九十二岁的黄宗英辞旧迎新，再与我们同行。

一、辞旧迎新在思南

《黄宗英文集》四卷本得以问世，其实源自我发的一条微信。2015年11月19日，我到上海华东医院看望黄宗英，之后发出微信。其中说到，我想编选一套黄宗英文集，在她2016

年生日之际推出。深圳海天出版社副总编辑于志斌兄看到微信,跟帖:"哪里出?我们先挂个号。"我们很快通话,当即敲定,交由海天出版社推出。

黄宗英与深圳有缘。上世纪八十年代中期,她离开上海,前往深圳特区蛇口创办都乐文化公司,成立深圳的第一个独立书店"都乐书屋"。"都乐"二字缘于赵丹。1978年,赵丹到广西柳州都乐石洞壁画旅游,挥毫写下"天下都乐"四个大字。赵丹去世之后,黄宗英来到深圳"下海",以此命名,可谓是对赵丹的最好纪念。可是,黄宗英毕竟是演员、作家,市场之事她一窍不通。一年之间,不断受骗,所找到的大量资金,却被人悄悄挪走。她心力交瘁,很快黯然离开深圳。尽管如此,至今,她仍被深圳人视为最初文化创业"吃螃蟹"的人之一。

由深圳海天出版社来出版《黄宗英文集》,再好不过。经过一年的努力,文集终于在新年到来之际问世。文集分为4卷,分别为:《存之天下》,为亲人好友的往事特写;《小丫扛大旗》,为报告文学、电影剧本、诗歌、电视脚本等;《我公然老了》,为随笔合集,于日常琐忆中感悟人生;《纯爱》,为黄宗英与冯亦代黄昏恋的情书精选。

黄宗英总是不断地把惊奇放在人们面前。她是影星,但把耀眼的明星看得很淡,反而更看重文学创作。从上世纪五十年代初她就以写作为主业了,从诗歌、剧本、报告文学到散文,她是成功地从演艺界转向文学界的代表人物。她的报告文学《小木屋》,她写赵丹、上官云珠等亲友的回忆文章,她的电视节目《望长城》《小木屋》等,堪称力作。

在许多同辈人眼里,黄宗英是一个聪颖过人的才女。在我眼里,她则更是一个对知识永远充满好奇的人。每次见到她,她总是在阅读。年过八十后,她每日仍在读书,在写日记。她告诉我,每天早上,她要听半个小时的英语教学广播。"我知道学不会了。但我把它作为生活的一部分。"这种执着与坚毅,令人感叹不已。

一年时光如此飘过,完成《黄宗英文集》的编选与出版,圆了我的一个梦。辞旧迎新之际,我们愿意将它作为最好的新年礼物送给黄宗英。

二、"爱了值得爱的人"

我在1978年2月走进复旦大学。在大学期间,购买的图书中,有一本赵丹的《地狱之门》留存至今。这本书,根据赵丹"文革"后所做的系列演讲整理而成。赵丹回忆演艺生涯,纵谈同辈表演艺术家的得失,阐述对艺术规律的理解,率性而谈,生动至极。他把从事电影艺术喻为跨进"地狱之门",不敢有半点懈怠,更有来自内心的敬畏。

没有想到,多年之后,结识了黄宗英。从她那里,我知道了赵丹的"文革"遭际和晚年故事。黄宗英把赵丹写于监狱的交代委托我加以整理,并同意我编选《赵丹自述》,交大象出版社出版。《赵丹自述》中，除了这些"文革"交代，还收录了《地狱之门》中的演讲。赵丹没有完成一部完整的回忆录，却以这种形式来集中呈现他的一生。

我不止一次想请黄宗英谈赵丹的逆境生活，总感到有些残酷。她年老多病，提起这些往事，无疑对她是一种感情和心理的折磨。我们约了好多次，筹划了好几年，我还是迟迟下不了这个决心。最终，在她又一次重病之后，她对我说，她担心再不谈，自己有朝一日可能完全丧失敢于回忆的意志。这样，我们才就这一个话题进行长谈。

回忆与赵丹在一起的日子，黄宗英对我这样说过："我至今不悔的是爱了一个值得爱的人。我并不是称职的好妻子。朋友们说：一见宗英变贤妻良母时，准知道阿丹在外面又倒霉了——我们的婚姻，竟主要由无边的苦难支撑！"

三、纯爱在心　缔造奇迹

第一次见到黄宗英，是1993年她与冯亦代先生在北京结婚时。在此之前，与冯亦代熟悉的朋友们，都为他们两位的"黄昏恋"感到高兴。在迎娶黄宗英之前，冯亦代一直沉浸在兴奋之中。每次去看他，他都情不自禁地要谈到黄宗英。待确定下婚期，他又多次与我商量婚礼宴请之事。后来，受黄宗英委托，整理他们之间的情书时，我才发现，细心而兴奋的冯

亦代,早在信中就向黄宗英通报了他的京城朋友的情况:

以后来了两个客。第一位是《人民日报》的李辉,他是《萧乾传》的作者,我的忘年交。他看见我书柜里放着你照片,便问你的近况,我骄傲地告诉他关于你我的姻缘,他大表赞同。这样在北京就有宗江夫妇和李辉夫妇及凤姐夫妇(凤子沙博理夫妇——引者注)知道了,当然以后会有更多的人。奇怪,赞同,祝福。当然还有你二嫂和赵青一家,以及董乐山。(一九九三年六月二十一日)

他们的婚礼安排在三味书屋举行,参加者达一百余人,一时成为京城文化界盛事。

老人们的再婚曾有失败的先例,但黄宗英与冯亦代建立于纯爱基础上的黄昏恋,却以《纯爱》一书,留下了佳话。现在看来,黄宗英与冯亦代的黄昏之恋的确是难得的和谐和圆满。难以想象,如果没有黄宗英的细心照料和精神支撑,冯亦代能否从一次又一次的重病中挺过来? 如果细细读《纯爱》,就不难发现,正是她的聪颖、好学,孕育了两个老人美丽的黄昏恋。鸿雁传书,演绎出的是一场动人的、纯真而炽烈的爱情。

冯亦代1996年脑血栓中风,一度失语,记忆也严重衰减。一天,我去病房探望,正遇医生来检查。黄宗英问冯亦代哪年出生,他把"1915"错成"1951",大家笑着说:"你这么年轻呀!"再问你哪年打成右派,他却脱口而出"1957",这颇让人感叹不已。从那时起,帮助冯亦代恢复说话和写字,是黄宗英的主要任务。"我演员出身,还不会教二哥发声?"七十几岁了,她执意搬到病房,用毛笔把拼音字母抄在大纸上,让冯亦代每天从最基本的发音开始练。她让我买来写字板和粗笔,让冯亦代练习写字,从笔画开始。"难我不倒"——她用毛笔写得大大的四个字,挂在他面前。冯亦代坐在轮椅上,呆滞地看着大字,黄宗英扶着他的手,一笔一笔上下左右写着。写累了,又小孩一样开始咿呀学语。她"啊"一声,他也"啊"一声;她"呀"一声,他也"呀"一声。这一幕,让人感动也心酸。

两个月后,冯亦代挺过了那一次大病,恢复说话和写字。再过几个月,居然还写出了新的情书,写出了书评和散文。朋友们都说这是奇迹。但很少有人知道,这奇迹的身后,站着的是黄宗英。

2004年6月,黄宗英前往上海治病,我陪她到医院探望冯亦代。冯亦代已经住院一年多,多次报病危又多次挺过,但生命显然已慢慢走向终点。冯亦代躺在病床上,眼睛瞪得很大,但已认不出来者何人。她似乎预感到这将是最后的见面。她紧紧握着他的手,默默地握着,好久,好久。半年多之后,冯亦代于2005年2月元宵节那天告别人世。11天后,黄宗英在上海的病房里,给远去的冯亦代又写了一封信,向二哥报告他们的情书即将结集出版的消息,写得凄婉而动人:

亦代二哥亲爱的:

你自二月二十三日永别了纷扰的尘世已经十一天,想来你已经完全清醒过来了。你是否依然眷顾着我是怎么生活着吗?今天是惊蛰,毫无意外地惊了我。我重新要求自己回到正常生活……亲爱的,我们将在印刷机、装订机、封包机里,在爱我们的读者群中、亲友们面前紧紧地拥抱在一起了。你高兴吗?吻你。

愈加爱你的小妹
2005年3月5日

她说,这是最后一次给他写信。我为这封信起了个标题:《写给天上的二哥》,将之作为《纯爱》的代序。

四、生命列车　一路前行

一晃十年过去,黄宗英一直住在医院治疗。她所爱过的、熟悉的人,一个接一个离她而去,她所钟爱的写作,也难以再如从前那样全身心投入。

八十多岁时的黄宗英,住院期间,每天在背诗词——就像前些年在北京学英语、学中药一样。她还坚持写日记,写长短不一的随笔,并把这些短文命名为"百衲衣",在《新民晚报》夜光杯副刊上发表。对于她,阅读与写作是永远的爱,永远的伴侣。

从舞台、银幕走到文学领域的她,其实一直生活在为自己设计好的场景中。这是想象与现实交织一起的世界。回忆与梦想,务实与浪漫,沉思与激情,无法严格而清晰地予以分别。

它们早已构成了她生命的全部内容。悠悠一生,如同一幕又一幕的戏剧。她是编剧,是导演,也是演员。生活其中,陶醉其中,感悟其中。

如今,九十二岁的黄宗英,生命列车仍将沿着这样的轨迹一直前行。

十八岁的孩子们

(原创) 2017-01-16 林青霞

最近收到一封刚满十八岁高中女生的来信,这个女孩是从中国到柏林去求学的。

"十八岁是人生重要转折点,选择和决定极其关键。然而这时的我们都太迷茫,以至于多数时候难以做出正确的判断。假设世界上所有十八岁的女孩都是您的孩子,您对她们最珍贵的忠告将是什么呢?为什么?"

"亲爱的惟清小妹妹,看完你的来信,我深深地感受到你的迷茫,这又何尝不是我十八岁的感受。记得那年我刚拍完第一部戏《窗外》,正拿不定主意将来要走哪条路。当时唯一的出路是考进大学,好好读书,但我又不是读书的料,进不了大学之门,初恋男友又逼我跟他去美国包饺子,自己最有兴趣做的事却是演戏。电影公司要我到香港去宣传《窗外》,我非常彷徨,不知道该选择哪条路?如果答应去了,就表示选择了演戏这条路。还记得当时苦恼地写了三张纸条,一张是'读书'、一张是'拍戏'、一张是'包饺子',每张揉成一团,自己抓阄,整个下午抓来抓去还是决定不了,最后在白纸上写了许多'死'字,可见我当时是多么的苦恼。

"正常来说,十八岁是读书学习的年龄,最好是进大学选择自己有兴趣的科目,趁自己记性最好,学习能力最强的时候,把握机会好好学习,为工作机会和将来的事业打好基础,这是我们那个年代的传统观念。当然也有许多没有机会读书的成功企业家,像台湾的王永庆,香港的李嘉诚,也有中途辍学的微软创办人 BillGates,我想他们必定是选择了他们最有兴趣的工作,同时在人生的旅途中不断地充实自己。我始终相信天地造人,必定给予每个人不同的礼物——不同的特长和不同的魅力,但你必须去发掘它,并勇往直前将之发扬光大,那么成功必定不会离你太远。

"去香港之前我几乎病倒。到了香港我一夜成名,从此就走上电影这条不归路,所以我这一生最大的转折点就是十八岁。

"一路走来,最深刻的体验是'要选择你最喜欢做的事',因为这样,你会整个人投入你正在做的事中,不怕苦、不怕难,这样成功的机率相对地比别人高。

"女儿们小时候睡前最喜欢听我说的两个故事是'小草'

和'蓝蝴蝶'。一个流浪人,走了好多好多路,实在是太累太累了,于是他把背包放下,倒在草地上就睡着了,半夜里听到许多说话的声音,觉得奇怪,这么晚了,会有谁在这黑暗的荒野中说话呢?起来看个究竟,原来是小草们正兴高采烈地讨论自己在太阳出现的时候会变成什么颜色的花。每枝草都分配到自己的颜色,只有一枝最强壮的草可以自由选择它喜欢的颜色,但它一直下不了决定该要哪个颜色。流浪人眼睛都睁不开了,他又陷入昏睡中,等他被刺眼的阳光射醒,眼前的小草都高兴地向着太阳开出自己的花朵,只有一枝枯黄的小草无力地倒在地上,它在太阳出来时还没有做好决定。

"在一个湿湿脏脏的山谷里,有许多烂木头,木头上爬满许多毛毛虫,它们很快地就变成一群群白蝴蝶,在山谷中飞来飞去。有一只毛毛虫仰望着天空,天空好蓝好蓝,它好喜欢,它坚定的对自己说:'有一天我一定要变成像天空一样蓝的蓝蝴蝶。'它每天都这样强烈地渴望着。终于有一天,有人看到山谷中一群白蝴蝶里,有一只像天空一样蓝的蓝蝴蝶在其中飞舞。

"所以,惟清,找出上帝送给你的礼物,带着你的礼物,坚定地朝着你的目标,努力地往前走。

"祝福你们!十八岁的孩子们!"

忆康濯先生

原创 2017-01-17 韩少功

初见康濯先生时,他鬓白,枯瘦,因个高而背略驼,在我的印象中完全是一个老人的形象。其实他当时还只有五十多岁,不过是在少年的眼光中提前成了一张老照片。他投身学潮的故事,奔赴延安的故事,在晋察冀边区出生入死的故事……在后辈看来都足够遥远,无疑增加了这张老照片的模糊度和沧桑感。

从老照片中走出来的他,却有活跃而灵敏的清晰风貌,甚至不无几分天真。据说他饭量小,睡眠也少,却能精神抖擞地连轴转,几乎是一种筋骨型的高能物质。他能准确叫得出来自各地业余作者的名字,说出他们作品中的人物和细节,记忆力堪称惊人。作为省文联的资深主席,他同这些工人、农民、小职员熟如老友,打成一片,时不时开个玩笑,有时说得兴起还会一屁股坐到办公桌上,虽戒烟了却索要一支烟拿来嗅一嗅,大概是要延续自己烟友的身份,拉近与老友们的距离。

上个世纪的七十年代末,正值新时期文学的破冰时期。想必是湖南省"第一大黑鬼"的受害经历,给他留下了对"文革"的切肤之痛,他在随后的思想解放运动中挺身而出,勇倡改革和开放,常有惊人之议,成为老干部群体中的少数异类之一,因此也获得大批新锐中、青年作家的尊敬和拥戴。我的短篇小说《月兰》在《人民文学》杂志发表,因是一篇表现乡村生活的悲剧故事,被台湾和苏联的媒体转载,引起了舆论界激烈的争议。先生对此事似乎比我还着急。据说他在好几次会议上为这一个作品辩护,又私下约我商议对策,还主动给我续写了上千字,加上一个"光明的尾巴",以免我横遭可能的政治批判。

我不大理解他那颗小脑袋里倒腾的政治经验,不觉得这个"光明的尾巴"有多好,而且随着时过境迁,管制尺度进一步宽松,这种文字防身术也逐渐变得多余。但他当年心急如焚"护犊子",不把自己当外人的代笔疾书那一幕,仍是我心中恒久的温暖。

在他的力推之下,这篇作品获得省里一项重奖,算是对它在全国评奖中呼声甚高,却最终因争议而落选的一种弥补。

我后来才知道,他原名毛季常,出生于原湘阴县(现汨罗市)的毛家河,与我知青时代的务农之地同属一县,甚至相距不过数里。这使我后来读他的《水滴石穿》《我的两家房东》等作品时就多了几分亲切感,多了不少有关气味和声音的想象。我与他一同去北京参加会议,同住一室(当时大家都习惯于这种多人合住的节俭制度)时,还聊过不少汨罗江边的掌故。他说到家乡的姜盐茶,说到家乡的红薯粉和糯米粑,一句句都扰动了我的青春记忆。他还说到家乡人为什么把上厕所说成"解手"——这是因为以前湘楚之地战乱频繁,战俘和囚犯多,上路迁移总是被严加捆绑,以一长绳连成串,其中缚两只胳膊为"大绑",缚一只胳膊为"小绑",只有到上厕所时他们才得以松绑,谓之"解手"。他的这一解释让我颇长见识,在我看来也是最富有历史感和逻辑性的说法,后来曾被我录入一篇随笔。

聊得多了,见我兴奋不已,他不免冒出几分得意,说我们这些老东西肚子里还是有些货的!是不是?别以为只有你们年轻人玩什么"现代派""寻根派",我们当年……嘿嘿,那才学也是不得了的呵!

这一刻,眼前分明是有趣顽童一个,哪是什么驼背和咳嗽的老人。再往下说,他是不是还要同我比试一下诗词格律或者英语格言?

我与他曾相约找机会一同回汨罗看看。不料我迁调海南后不久,就听到他不幸病逝于北京的噩耗。一诺终成梦,阴阳竟两隔。一位饱经世纪风雨的文学前辈,一脸不无孩子气的嘿嘿微笑,就这样匆匆远去了。2000年,我时隔二十多年后又回到湖南,回到汨罗,在山南水北之地筑庐而居,阶段性地晴耕雨读。当汽车沿着一江碧水向前飞奔,我常常会忍不住朝毛家河的方向看一眼,看看那里的山林、牛群、炊烟,看那里的依稀的人影。我的目光在奔赴一个久远的约定。

她们流光溢彩

原创 2017-01-23 徐锦江

愚园路上有不少令人感佩的好女人,这个好是指她们笑对人生,从容淡定。比起那些在乱世歹土中被残酷的政治搅拌,或是被恶劣的命运捉弄的男人,她们更能在残酷的人生搏杀和坎坷命途中生存下来,给男人和世道存一份温情。

愚园路上的女人比男人的命要好一些,这从她们的寿命可以看出。还健在的是已110岁的黄慕兰。这个不管怎么说,经历了中共早期革命运动,与早期共产党高级领导人宛希平、贺昌先后结为夫妇,后又嫁给上海滩大律师陈志皋,经历了脱党和用多重身份在党的外围工作,一生多次入狱的女性,是非曲直自有公论,但至少用她的豁达和乐观超脱了命数,成为人生传奇。有一种说法,说愚园路上"汪公馆"在抗战胜利后变成了国民党军统的招待所,但从亲历者黄慕兰的描述看似乎并非这么一回事,抗战胜利后,王伯群的遗孀保志宁委托黄慕兰的丈夫陈志皋把自家的这栋花园洋房收回来,据《黄慕兰自传》所叙:言明条件是:"房子收回后,由我们负责代她修理好,她只保留楼下的两个客厅以及二楼的全部;其余楼下的四间大厅、餐厅、书房以及三楼的全部,还有后面的一部分附属用房,都租赁给我们使用,租金按美金支付。但双方没有签订书面合同。那时,从大后方复员回上海的人数以万计,上海的住房十分紧张,我们能住进这样高级的大花园洋房,自然大喜过望。"房子修缮一新后,取名"隅园",在一年多时间里黄陈夫妇在这里举行各种聚会和游园活动,名为"隅园雅集",据赵景深教授的一篇短文记载:出席者有田汉、洪深、阳翰笙、翦伯赞、熊佛西、冒鹤亭、周信芳、郑振铎、于伶等文化人,欧阳山尊和戴爱莲还表演舞蹈。可能黄的自述中会有溢美成分,但我相信这一段的基本事实不大可能杜撰,且有图有真相,在1946年梅兰芳和欧阳予倩的合影背景中少年宫的哥特城堡式建筑历历在目。被怀疑为军统据点的一个嫌疑是当时的国民党军统上海站站长王新衡也出没其间。黄夫妇后因与保志宁的房产纠葛而搬离此宅,在华山路另造新楼。

愚园路上第二个值得一说的女性是董竹君,董竹君1948年至1950年曾居愚园路新华村1号。说起董竹君,总会联想起那个"垒起七星灶,铜壶煮三江,摆开八仙桌,招待十六方"的阿庆嫂。阿庆嫂离开沙家浜,来到上海滩,就是董竹君,"锦江茶社"就是"春来茶馆"。董竹君原来是黄包车夫家庭出身、流落青楼卖唱的少女,虽有贵人相助,但总的来说无论是持家还是创业,无论是留日、入川、来沪,还是避难菲律宾,在生意繁忙、独立抚养四女一儿的同时,还不忘学习法语深造,是靠自己的勤奋努力加能干成为独立的女性企业家。董竹君长袖善舞,既能让淞沪警备司令杨虎引为知己,又同中共地下党员吴克坚秘密往来;杜月笙、黄金荣是她的座上客。民盟领导人张澜、罗隆基被捕并被软禁在虹桥疗养院,吴克坚和董竹君通过民革人士约来杨虎,在新华村董寓多次秘密会晤营救张、罗。董资助或帮助过的还有郭沫若、夏衍、于伶、宋时轮以及台湾二二八起义失败后来到上海的台湾共产党组织领导人谢雪红。上海解放后,董竹君将当时价值15万美元的川菜馆和茶社上交国家,成立锦江饭店。董竹君大半生身逢乱世,以99岁高龄得善终,写下《我的一个世纪》篇章,成为上海滩的一个传奇,靠的是三道面(人面、情面、场面)的功夫和智慧。今日之女性企业家,从人格魅力和气质能力上胜之者能有几人?

愚园路上还值得一说的女性是陈友仁的第二任太太张荔英。现在知道陈友仁名字的人不多,但在民国年代,这个留着一小撮人丹胡子的人却是个甚为传奇的社会名流,其标志性照片时常见诸杂志报纸。陈友仁出生在中美洲的特立尼达,是当地一位富有的华人律师,生活安逸,但在伦敦听说辛亥革命后,即连家都不回,义无反顾来到中国,成为孙中山的外交顾问，尽管中文说不好，却成为国民党政府的铁腕外交部部长。后原配病故，陈又娶了国民党四大元老之一张静江四女张荔英为妻。留法学画颇有成绩的张荔英青春年少，却执意要嫁给长自己近30岁、她眼中的"天下第一美男子"陈友仁，两人婚后感情甚好。1941年，夫妇二人在香港一同被日军拘捕并被转押至上海，因拒绝加入汪伪政府，长期遭到软禁（估计就是这段时间住在愚园路）。陈友仁1944年逝世后，张荔英仍居此处，直到第二次世界大战后才被释放，后移居海外。

还有一位女性，虽然普通，但平凡中透着不凡，也要特别说一说。那就是被誉为"中国流行音乐之父"的黎锦晖末任太太梁惠芳，黎前半生风光，娶了大美人徐来为妻，周璇、王人美、聂耳、黎莉莉皆出自其门下。但后半生千金散尽，妻子携财随"风流将军"而去，学生聂耳奋起痛批他，连国民党政府也禁他的歌。人生起落，情何以堪。所幸落难时一个叫梁惠芳的女学生粉丝，是个旧政府官员人家的小姐，不惜休学，离家出走嫁给他，且从此再没有与家人联系过。

据汤晓丹的夫人蓝为洁女士回忆：抗战时期，在重庆"中制"食堂吃饭，每次排队我都碰到黎太太和她的几个小孩，每人手里都拿着搪瓷大杯、小面盆，装满了饭菜带回宿舍吃。黎先生一次都没有去过食堂，也从未到过我们技术课办公室，但是课里的人都爱三言两语谈到黎先生家属买饭后走出食堂的小队伍。次数多了，我才晓得黎家的一些事。原来黎先生的前妻是漂亮的电影明星，婚变对黎先生的打击很大。之后一位女学生崇拜他,不顾父母反对主动休学进入他的生活,为他生儿育女。小家庭生活充满了幸福和浪漫。

黎锦晖上半生辉煌下半生落寞,绚烂终归于平淡。晚年不过是住在愚园路四明别墅里的一个老翁,与梁惠芳过着平常的居家日子,弄堂里许多人都见过这个贤淑的女人。两人默默相伴到老。

更奇的是,黎锦晖1967年动乱中去世,梁惠芳忍住泪办完了丈夫的丧事,旋又担负起做母亲的责任,暗中资助几个插队落户的孩子都进了大学读书。"文革"后,她办了去美国的手续,在那里打工,据说有人帮她找了一份穿珍珠项链的工作。她省吃俭用,积了一笔美金回上海,买了一幢房子,安置成一个温馨的家,让几个子女回沪时都有落脚点。蓝为洁感慨:她是我认识的友人中人格魅力最闪光的女性,梁惠芳活到90多岁含笑离开人世。她离世前已经见到社会为黎锦晖落实政策,恢复名誉的曙光。

假如你没有吃过菜薹

原创 2017-02-13 池莉

假如你没有吃过菜薹,无论你是谁,无论享有多么世界性的美食家称号,无论多少网友粉丝拥戴你为超级吃货,我都有一个好心的建议,先,赶紧,设法,吃吃菜薹。武汉有一种蔬菜,名叫菜薹。血统正宗菜薹,叫洪山菜薹。洪山是武汉一个区,在长江以南。武汉人一般懒得把行政区划说那么清楚,凡长江以南,就说武昌。凡长江以北,就说汉口。汉口人家卖菜薹,只要说是武昌的,价格就理直气壮高于非武昌的。行家一般也不会买错,品相就是不一样。肤色深紫且油亮的,薹芯致密且碧绿的,个头健壮且脆嫩的,香味浓郁且持久的,就是武昌的。武昌土壤呈弱酸,黑色沙瓤土。汉口土壤呈弱碱,黄色黏性土。菜薹性喜武昌土壤。当然作为蔬菜,菜薹相对还是有普适性,大江南北延及整个江汉平原,处处都有,也都还蛮好吃。不过品质最好的,当数洪山菜薹。洪山菜薹就像一武林高手,身手一亮,立见分晓,出类拔萃,鹤立鸡群。就像所有大人物大明星一样,只要你身居某个阶层顶端,就会有种种神奇传说围绕你。洪山菜薹的传说太多了。除了当代商业粗制滥造了许多矫揉造作的故事之外,民间流传千年的版本,可谓洪山宝通寺塔影之中的菜薹,才是之最。这个传说的确比其他版本更有合理性:菜薹最是爱干净的蔬菜,寺庙乃俗世最洁净的净土,在寺庙的庇护下,菜薹远离尘嚣与践踏,自然达到最高境界。

菜薹是毅然决然地与众不同的:它只生长在最寒冷季节,纵是千娇百媚的蔬菜,倒是傲雪凌霜的风姿。它不选择叶子作为菜,它选择质感最佳营养含量最高的茎,有效避免了叶类蔬菜的单薄、粗纤维太多、草酸含量偏高的缺点。它也并不走茎块路线,把自己埋在地底下泥土里,而是酷爱阳光、寒风和雪霜。寒露是万物凋零之始,却是菜薹拔节之时。不要搞错,菜薹不是菜苔。不是那些为结菜籽而抽出的细苔。如果冬至有幸落一场大雪,你会看到那脸盆大一兜兜菜,菜心无比宽阔,怀抱无数刷刷冒头的菜薹,只消一夜,那根根菜薹已然茁壮挺立,娇嫩紫色粗茎,鹅黄色簇状小花,七八根就是一盘菜。这不,今天刚采摘过的,明天又是蓬勃冒出新一茬。菜薹伤刀,亲人,说的是它不喜金属,喜人手料理。菜薹又是典型的时鲜,随采随吃最妙。它冷藏花颜失色,冰冻即坏,隔天就老,它是如此敏感与高冷,如此宁为玉碎不为瓦全,却也是主观为自己,客观为食客,你人生苦短,不要白吃一场。这就是菜薹,你不勤奋追求,你就取不到真经。唯有你不辜负它,它才不辜负你。虽说老了也能吃,味道却已是天壤之别。

菜薹绝对不会辜负你:它冰清玉洁,纤尘不染,极易料理,掐成几段,清水过过,放进锅里,只需翻炒几下,就香气四溢,且荤素凉拌,般般相宜。菜薹炒腊肉之所以经典,那是因为有了菜薹腊肉更香,而不像一般蔬菜那样,靠肉长香。别忘了菜薹的菜汁,得浇在刚出笼的热白米饭上,那龙胆紫的颜色紫水晶的光泽,美味指数无法衡量,只好用最时髦的养生热词:满满都是花青素啊!武汉人对蔬菜的最高评价,只有一个标准——甜津了。菜薹当真甜津了!

这般好蔬菜,现在却是世人难见真佛面了。餐馆全都是物流配送大棚菜了。现在是商人不解卖,食客不解吃了。谢天谢地,我是不会错过好东西的。再忙我也要跑菜市场精心采买,回家即刻动手烹调。半辈子,无数次,面对菜薹,我就变成了一个神秘主义者。每当吃到上佳菜薹,我总觉得这种菜是一个不可言喻的神迹。我对菜薹是情有独钟不离不弃到即便它们老了也要养着,花瓶伺候,权当插花,它会为我盛开半个月,左看右看都别致。看花时,总不免,心生感慨:菜薹噢菜薹,你是我对武汉最深的眷恋。

南照：我心向往之的地方

原创 2017-02-15 戴醒

好友知道我去安徽，要我晒晒那里的照片。我去的地方叫南照，淮河边一个不起眼的小镇。说实话，想到这片土地时"美丽"一词很少在脑海浮现。我走过不少地方，神农架的原始，巴黎的现代，罗马的辉煌，大峡谷的壮观，阿尔卑斯山白雪晶莹，阿拉斯加冰川奇异。如此这般的可圈可点，南照镇都没有，但却是我仆仆风尘中心向往之并驻步最多的所在。

南照建镇两千多年，也曾车水马龙，商贾云集。让南照人骄傲的，是它与明太祖的渊源。朱元璋年轻困顿时到此游历，发达后曾在此建寺，可惜动乱时古址遗迹都被毁了。

不过这些与我，都没有太大的关联。南照于我，其实很简单。童少年时期,那是我与表兄表妹一起长大的外婆家,我的澎湖湾。镇子给我的印象,反倒没有相距几里地远的小尹庄更来得深刻。那时外公被打成右派,举家下放小尹庄。对家人而言是苦难,而我,却因此有了一个大大的玩乐场。村头晒谷场边长满牤虫的老牛,会在我轻轻触摸下突然伸头发一声哞哞的低鸣。大大小小的谷堆此起彼伏,藏猫猫时朝里钻朝后躲,也能让"追敌"寻上好一阵子。拎着篮子跟小伙伴们去割草,却引得同伴们弃草从心,陪我这"城里人"玩耍到黄昏。邻家院子里红黑的桑椹,秀丽恬静的女孩,她那黝黑却清俊挺拔的哥哥,都是我留连到很晚还不回家的缘由。

青壮年时期,南照是我的乌托邦。尤其是母亲在这里安葬之后,它更是我的充电器,成就了我一年又一年繁忙生活中的逃遁和回归。在这里,白天亲人陪伴欢声笑语,夜晚万籁寂静虫叫蛙鸣。走在街上依然有很多人能喊出我的名字,说出我是谁谁的外孙女,谁谁的女儿,谁谁是我的舅舅。每一次,我都能在这一片翠绿之中安坐片刻,感知天上人间的距离也许没有想象中那么遥远。正因为如此,即便重任在肩,行程匆匆,抑或是身有小恙,我依然会被一种无形的力量牵引,回到这里,只为完成自己内心的一个仪式。

二十年的时光,说快不快,说慢也不慢。中年的变奏曲,已在我身边响了很久。又一次来到南照,发现它原来是我生命中的驿站。走了一程,再走一程。"路过的人我早已忘记,经过的事已随风而去,驿动的心已渐渐平息。"唯有这路、这树、这田园,这昂扬的松枝,这随风起舞的稻叶,这空气中弥漫着的淡淡的怀想,定格为一个静止的画面。这里是我的起点,也是终点。

回望《繁花》

(原创) 2017-02-25 陈村

陈村 文/摄

2011年,年近六十的金宇澄在弄堂网独上阁楼,开始写《繁花》。当年的小秘密现在差不多家喻户晓。《繁花》不算上盗版,已经印出近百万拷贝,令人目瞪口呆。五年多过去了,弄堂网开开关关,另有一个作者受到启发,以隆巴耶的名号写长篇小说《朝霞》,在《收获》发表时署名吴亮。

《繁花》一出,朋友们的面孔上都有点笑嘻嘻的样子,用祝贺金老师的发表、获奖等名目频频以私款会餐。笑谈阿宝、陶陶、梅瑞,谈轧姘头,谈老金画地图。这笑各有不同,沪上的男作家一向受女作家的高压,一提到文坛就是阴盛阳衰,现在可以伸伸腿了。说来也是,男人比女人更热衷于谈《繁花》,而女人在闷头阅读,不响。

也有例外,凡有烟花处必有毛尖,毛老师从金老师的"荷包蛋发式"谈起,写得脍炙人口。那么多人评论过了,吴亮曾提议我跟金老师谈谈,被我拖到今天不仅没谈成,还又看到阿城先生也加入了,谈的是自然主义,话题是从金宇澄写父辈的新作《回望》切入。

《繁花》和它的作者有许多入口,方便大家任意谈谈。

我想说两句的是《繁花》以及《朝霞》的生产方式。金宇澄认为是这个写作的方式鼓励自己完成这部小说。不说狄更斯、鲁迅,从网络文学算起,这种方式已经存在了20年。但网络文学跟传统文学是分道而行的,网络文学的大宗是类型小说,类似说书,一章一回地讲,作品有很强的指向,大江东去地奔一个目的地。而《繁花》不是河流,是一片漫滩,沼泽,湿地。繁花竞放,无法分辨哪朵花最要紧。这是说,网络上的写作可急功近利,也可散淡从容。我们习读的长篇小说是西方发明的,西方小说从戏剧脱胎而来,因而强调戏剧性,要起承转合,最后"匡汤"一个高潮。最中国化的小说《红楼梦》是一部有头没尾的作品,像是什么都说到了,细看什么故事都没写完整,还有劳他人来续书还给读者一个高潮,有累后人帮曹雪芹将天香楼的韵事补充完整。他们是不是自作多情了?

我相信曹雪芹写《石头记》时,朋友们是争着先睹为快的。这种方式跟后来的在家秘密试验核武器,等大家看到已是一朵蘑菇云的方式意趣不同。《繁花》式的生产方式更像魔术,当你的面七弄八弄将戏法变了出来,也像工匠营造,让你看到手势,眼看一团坯泥成了紫砂壶,一根木头生出一堂家具。更像今天的妇女,当众人的面涂唇描眉,网上直播,认定这有可看性。这个营造过程中,有彼此的亲密亲昵在了,有眉目传情和私相授受。当曹雪芹的朋友多好啊,可以陪他十年看着《石头记》慢慢水落石出。可以一次次饭局中谈那里的小男小女。

这张照片拍于 2003 年 12 月,那时我还在用胶卷拍照。金老师在走向毛老师写的荷包蛋、走向繁花的路上。他似笑非笑有点蒙娜丽莎的意思。

领带哪儿去了？

原创 2017-02-27 林少华

最近，我所在的城市举办关于翻译理论的全国性学术研讨会，要我参加。说实话，我一般不参加此类会议。这是因为，我所了解的翻译理论加起来也肯定多不过当年我实验过的高产玉米种植法。再说玉米即使不高产也总能结出棒棒，而翻译理论什么也结不出来。但说归说，参加还是要参加的。毕竟要我上主席台就座，别不识抬举。

台我是上过的，校内讲课也好校外讲学也好，总要上台讲。但讲台不同于主席台。主席台？我在脑海里排出各级人大政协会议全体会议的主席台：一行人西装革履，举止庄重，神情肃然，还有迎宾曲……于是我也决定西装革履。意大利品牌藏青色西装，若干年前为去人民大会堂开会特意购置的，浅蓝色纯棉免烫衬衫,落叶飘零图案的书卷气领带,就差左侧小口袋没露出白手帕的尖尖角了。出门前再次对着镜子确认一遍：风流倜傥,无可挑剔,全然看不出是年过花甲之人……

然而,人世间果然充满不确定性。步入会务大厅就觉得不对头：前来报到的各路精英们,西装革履者一个也没有！准确说来,穿西装者倒是有,但都没打领带。所有领带都从脖子上不翼而飞。尴尬之余,我问负责筹备会议的一位同事,你这西装怎么没打领带啊？"昨天开预备会本来打领带来着,结果发现只我一个人打领带,所以今天就……"同事盯视我的领带,笑笑。我也盯视我的领带,没笑。不知是索性解下来好,还是姑且系着好。最后决定系着不动,在人数绝不为少的大厅里忽然解领带反而不自然。

很快进入相当堂皇的会场。四下打量,近一百位来宾中没人打领带,一个也没有。合谋孤立我不成？女士玉颈的装饰性围巾倒是有的颇像领带,问题是再像也不是领带而是围巾。

刚想找个角落潜伏不动,却被不由分说地拉上主席台。台上算我一排坐了六位。一半是京沪高级别人物。不过我关心的不是级别而是着装。三位穿单件头西装而没打领带,两位穿夹克款式休闲装。总之一身西装且打领带者只我一个。不过奇怪的是,这回我倒没觉得怎么尴尬,俨然级别更高的首长顾盼自雄。集体照相时身旁一位相识的本地女教授颇为认真地看了一眼我的"落叶飘零"领带,善解人意地夸奖说领带跟季节很搭配,身上树上都落叶飘零!还说正规场合还是穿西装打领带好,也是对场合的尊重嘛!

女性到底对着装敏感。我不由得想起去上海一所大学开会时一位女同行的一番话来:"你看那位男士,水平倒是足够,可一身鲜红鲜红的羽绒服也好意思上台发言?再看人家日本人,西装革履!也不知怎么搞的,你们男人钱包越来越鼓,可穿得越来越像瘪三。上世纪八九十年代穷时候还有不少人西装革履来着……当老师多少总有个着装要求……"

是啊,当老师总有个着装要求。为什么着装越来越随意了呢?我想了想。噢,都怪PPT!以前没PPT,老师上课或上台发言都居于正中讲台的正中,众目睽睽之下,自然注意仪表,注意着装。如今呢?讲台靠边,老师跟着靠边,正中让给PPT一道道闪烁不定的青白色投影。老师几乎躲在角落里一味低头对着电脑界面,不迎面对着学生。而学生也不对着老师,只顾对着PPT。如此这般,老师自然无需注重仪表,无需西装领带了。

不过这只是事情的一个方面,还有另一方面,还有老师个性表达一面。偶尔在《中华读书报》上读得北大曹文轩回忆谢冕先生的文章:"做人作文,若无个性,多少是件让人遗憾的事情。谢冕先生做人是有个性的:当人们普遍滑入平庸的现实主义情景时,他却一如既往地徜徉在浪漫主义的情调中。而当人们普遍接受无边的自由主义,一身随意打扮踏入一个庄重会议的会场时,我们却一眼看到他一丝不苟地打着领带、西装笔挺地坐在那儿。"

不过,作为我可不敢和谢冕先生比。索性实话实说好了,我所以时不时西装革履,根本原因是我的人生也已进入落叶飘零时节——难道要我退休后西装革履去农贸市场买菜或歪在小区石凳上打瞌睡不成?

《诗词大会》之后

原创 2017-02-28 胡中行

记得两年前,央视"诗词大会"节目组的编导曾经邀我参加过专题研讨,当时他们就下定决心要打造继汉字大会、成语大会之后的第三个品牌。现在,这个预期目标已经实现。节目播出之时,虽不能说是"万人空巷",但其收视率之高,在文化类节目中也是令人刮目相看的。尤其在上海,几位选手略出意外的极佳表现,更引起了全市热烈的反响。人们欣喜地意识到,重拾文化传统,重振民族之魂,已经具备了"天时、地利、人和"的条件,社会风气的根本改变为期不远了。在这一点上,央视一如既往地发挥了很好的引领作用,功不可没。

作为一个长期从事"诗教"的教师,在为央视节目点赞的同时,想得更多的是如何借诗词大会这股东风,把普及、提升优秀传统文化的工作做得更扎实,更有效。

任何事物都是具有两面性的,诗词大会也一样。就本质而言,这档节目还是属于娱乐性的,所以选手在舞台上主要是展示才艺而不是学习文化,虽说两者不可截然分割,但也绝不可相互替代。即以娱乐性相对较少、文化味相对更浓的"百家讲坛"而言,充其量也只能起到宣传、引领的作用,而不能代替自身的扎扎实实的文化学习。于是我想到了鲁迅,他的《娜拉出走之后》写得何等精彩,何等深刻。于是我明白了,任何事情的"之后",都是值得我们小心翼翼地认真思考的。这便是我写这篇文章的动因。

诗词大会之后应该做些什么？这当然是一个见仁见智的问题。在这里我想借用白居易"根情、苗言、华（花）声、实义"的比喻,将其"夺胎而换骨",来谈一点自己的浅见。

一、背 诵 是 "根"

据我所知,现在的普教界有一种值得反思的倾向,那就是过分地强调主观题而轻视客观题,这样做的结果,就势必会忽略背诵的重要性。中国的学术史上本来就有汉学宋学之争,简而言之,汉学重训诂,注重的是文本解读；宋学重阐发,注重的是思想发挥。两者各有所长,应该互补的。但我认为,宋学应该建立在汉学的基础之上才有意义。你对文本都没有吃透,怎么进行阐发呢?现在似乎是个"宋学"盛行的时代,它的极致,就是一些所谓的文化学者对传统经典的胡言乱语。朱维铮先生曾经批评某位学者"胆子真大",连根本没有看懂的书也敢随意评说。所以我说这次央视开了一个很好的头,整个诗词大会的亮点就是背诵。一点不错,对国学,对诗词就是要先老老实实地背诵,它是学习传统文化的根本,没有这个根,开花结果从何谈起?应该说,这种方法的本身就是一个良好的传统。记得当年留校工作的时候,学校党委的盛华书记找我们谈话,说到要向老一辈学者学习时,他举了章培恒先生的例子,说章先生的学问就是"背"出来的。从《诗经》一直背到《资治通鉴》,日积月累,否则成为大学者也难。我认为,书声琅琅,永远是世界上最美妙的声音,一个充满了正能量的社会,就应该用"琅琅"的读书声,去压倒"沙沙"的麻将声,"哗哗"的游戏机声。

我们千万不要低估了人的背诵能力,一个不识字的演员能够背出整台戏的台词唱词,这绝对不能算是"超能力"。历史上"博闻强记"的人多如牛毛,唐代安史之乱中的烈士张巡便是其中之一。韩愈的《张中丞传后叙》中有这样一段记载:"(张)巡长七尺余,须髯若神。尝见(于)嵩读《汉书》,谓嵩曰:何为(为什么)久读此?嵩曰:未熟也。巡曰:吾于书读不过三遍,终身不忘也。因(于是)诵嵩所读书,尽卷(读完),不错一字。嵩惊,以为巡偶熟此卷,因乱抽他帙(其他卷)以试,无不尽然(都是如此)。嵩又取架上诸书(其他书),试以问巡,巡应口(随口)诵无疑(无障碍)。"

据我的估算,一个人在小学阶段完成背诵《唐诗三百首》的任务,应该是没有问题的。要知道,《唐诗三百首》本来就是一本"蒙学之书"。

二、理解是"苗"

我的老师陈允吉先生曾经绘声绘色地给我描述过旧时私塾里的读书情景:教书先生据案而坐,案上一书一戒尺,书是自己看的,戒尺是用来打学生手心的。开学一个月,教书先生很悠闲,布置给学生的任务,就是背书。某个学生自认为背出来了,就到老师跟前背,一个滞顿,一记手心。罚下去重背。一个月后,大家都滚瓜烂熟了,老师才开讲。这便是"开蒙"的过程。

此种教学法自有其道理,比起现在那种从概念到概念的演绎,效果不知好了多少。所以我认为,理解就像一棵苗,它是必须长在根上的。但是反过来,根上如果不长苗,那么就只能永远埋在泥土中,而变得毫无意义。这就是背诵和理解的辩证关系。

说到理解,对我们来说实在是任重而道远。因为我们面临的,是一个文化断层。人们的传统文化知识严重缺失,我实在不忍心再一次举出这样的例子:

几年之前,有个研究中国古典文学的外国学者竟然把《唐诗三百首》当作对付我们中国人的"武器"。他告诉我说,现在中国的年轻人热衷于学外文,所以走在街上经常会有人同他搭讪,希望能借此练习口语。一次在火车上有个大学生来找他,他无意中掏出一本《唐诗三百首》求教,那个学生立即借故跑了。之后他碰到中国人搭讪就用这种办法,竟然屡试不爽。

这件事给我的震动很大,也许这就是我后来致力于"诗教"的一个诱因。

无可争辩的是,中华文化博大精深,古诗词更是世界文化中的瑰宝。这同样可以从外国人对它的酷爱中得到印证。我的"文化杂咏一百首"中曾经讲到两件事情:

其一曰"魅力":"古道西风韵最佳,剑桥揖别赴光华。两年休学从头学,魅力无边天净沙。"其下注云:"英伦学子柏森文,出身贵族豪门,入剑桥法律专业,三年级矣。忽一日,从友人处闻马致远天净沙,竟为其景其情所迷。遂休学两年来复旦专攻古诗词。中国传统文化之魅力于此可见一斑。此亦可为一味崇洋,妄自菲薄者戒。"

其二曰"震撼":"法兰西有娇娇女,为学中文离故土。有幸解听长恨歌,泪飞顿作倾盆雨。"其下注云:"余讲古诗文久矣,某次至长恨歌,且读且解,至玄宗思杨之句:行宫见月伤心色,夜雨闻铃肠断声。忽有一金发碧眼女郎哭失声,四座愕然,良久乃止。询之,为法兰西巴黎七大之研究生,来复旦进修者。由此知长恨歌之震撼力,至大至巨。此亦为中华传统文化魅力之又一例。"

我在讲授诗词时,通常会提出"三性"与"三习"的问题。三性是对我自己的要求,即是准确性、实用性、生动性;三习则是对学员的要求,即是预习、复习、练习。其中的准确性对教师的要求是很高的。因为在古典诗词领域,存在着大量的似是而非的问题。

比如说,诗经与楚辞之间到底有没有过渡形态?因为楚辞的艺术性远高于诗经,在没有外力推动的情况下,这点时间是不可能产生如此重大的飞跃的。这就要求我们用中国文化的二元论来加以解释,也就是中国文化原本是由黄河与长江共同组成的。诗经和楚辞分属两个不同的地域文化系统,两者并不存在明显的传承关系。而两者的最后融合,产生的便是我们辉煌灿烂的中华文化。

再比如,《诗经·硕鼠》的阶级属性问题,教科书上说是奴隶反抗奴隶主的斗争,其说大谬。因为奴隶绝对不会把自己参与生产的东西看成是自己的财产的,他们是真正的无产者。所以《硕鼠》只能是奴隶主内部的斗争,即小奴隶主反抗大奴隶主的斗争。诗经中带有反抗意识的诗篇多属此类。

又比如,唐代三大诗人是谁?我做过调查,绝大部分的人都认为是李白、杜甫、白居易。其实这个答案恰恰是错的,因为白居易与李杜相比,明显地差了一个档次。而真正可与李杜匹敌的,只有王维一人。这在历史上乃是一个共识:"吾于天才得李太白,于地才得杜子美,于人才得王摩诘;太白以气韵胜,子美以格律胜,摩诘以理趣胜。"(清徐增《而庵诗话》)"(王维)自李杜而下,当为第一。"(宋许顗《彦周诗话》)"玄肃以下诗人,其数什百,语盛唐者,唯高王岑孟四家为最;语四家者,唯右丞公为最。"(明顾起经)

如此等等,不一而足。而这些还仅仅是诗歌史上比较宏观的问题,对具体作品的理解问题更多。限于篇幅,只能再举两例。

其一,许多人都把王昌龄的《从军行》(青海长云暗雪山,孤城遥望玉门关。黄沙百战穿金甲,不破楼兰终不还)看作是一首爱国主义的诗篇,尤其是后两句,抗敌的决心为人所称道。其实这两句诗是有歧义的,我们也可以把它理解成金甲都被磨穿了,还是回不了家。根据整首诗所营造的悲剧气氛,再加上对王昌龄其他作品的理解,应该得出的结论是,这是一首反对唐王朝穷兵黩武的作品。

其二,杜甫《茅屋为秋风所破歌》中的两句:"床头屋漏无干处,雨脚如麻未断绝。"上句往往解读成床头因为屋漏了,所以没有干的地方。这样解释,通则通矣,但总觉得句子稍有未洽,既然掀掉了三重茅,难道仅仅是床头湿了吗?这里的关键是"屋漏"两字,《尔雅·释宫》:"西南隅谓之奥,西北隅谓之屋漏,东北隅谓之宧(音怡)……"《辞源》:"房子的西北角。古人设床在屋的北窗旁,因西北角上开有天窗,日光由此照射入室,故称屋漏。"所以,杜甫在这里是说,床头、屋漏等处全都被雨打湿了。

三、创作是"花"

诗词大会结束后,不少朋友提出今后的大会应该加上创作,或者干脆另搞一个"诗词创作大会"。我不同意这种说法。以现状而言,全国性、省市级乃至地区街道、企业学校,诗词创作大奖赛搞得还少吗?结果又如何呢?关键在于创作不可能有量化的标准,这就如同美女一样,"天下第一美女"的称号是只能自封的。我一直说,喜欢李白的很难喜欢杜甫,反之亦然。有人说,我两个都喜欢,我说这只能说明你没有入门,是个"菜鸟"。这就像《红楼梦》的拥林派与拥薛派,泾渭是如此地分明。如果有人说两个我都爱,那只能说明你是个"色狼"。

创作上的评判标准是永远无法统一的,比如"三曹"的孰优孰劣问题,也是迄无定论。钟嵘的《诗品》,把曹植尊为上品,曹丕列为中品,曹操则是下品。但刘勰则为曹丕鸣不平,他在《文心雕龙》中说道:"魏文(曹丕)之才,洋洋清绮。旧谈抑(贬)之,谓去植(曹植)千里。然子建(曹植)思捷而才俊,诗丽而表逸。子桓(曹丕)虑详而力缓,故不竞于先鸣。文帝(曹丕)以位尊减才,思王(曹植)以势窘益价,未为笃论(确论)也。"而近代学者刘永济则竭力为曹操翻案:"唯列孟德(曹操)于下品,以为劣于二子,则不免囿于重文轻质之见。实则武帝(曹操)雄才雅量,远非二子所及。虽篇章无多,而情韵弥厚。

悲而能壮，质而不野。无意于工，而自然谐美，犹有汉人遗风。此乃天机人力之分，非可同日而语也。"所以我说，如果"诗词创作大会"请出李白杜甫做嘉宾，做评委，他们一定会相互掐架，闹得不可开交的。

我说创作是花，花是应该长在根苗的基础之上的。它是整个学习诗词过程中的一个环节。在这个过程中，"知行并举"是十分重要的。知而不行，终觉"隔"；行而不知，终觉"薄"。

这次大会终了时，有位评委雅兴未尽，当众吟了一首"原创"，一下子露了馅。我认为问题的讽刺性不在于这位评委不会写诗，而在于他居然并不知道自己不会写诗。归根到底，问题还是出在对古典文学缺乏应有的敬畏之心。根据我的实践，学会格律并不难，令人不解的是，作为诗词大会的评委，又是古典文学的专家，为什么不去学一学呢？

现在，诗词创作很热，据不完全统计，全国的诗词创作者多达二百多万。但是真正会写的(不是说写得好的)恐怕百不及一。

这就牵涉到诗词创作究竟为什么的问题。我的观点很明确，创作就是为了传承。最近中央的精神，也正是为了传承中华民族优秀的文化。我们创作诗词，并不是为了在当今的文坛上出几个李白杜甫，实际上也绝对出不了李白杜甫，这是因为李白杜甫的时代早已过去。当今社会之所以提倡诗词创作，目的只有一个，那就是为了更好地继承弘扬我们的中华文明。

四、做人是"果"

学习诗词的最终目的,就是为了学习做人。这就是所谓的"诗教"。所以在学习诗词的整个环节中,最后也是最重要的一环便是"果",便是怎样做人。诗歌与为人处世的关系极其密切,孔子就是把《诗经》作为一本教科书的,他说:"小子何莫学夫诗?《诗》可以兴(提高文学修养),可以观(提高观察能力),可以群(提高与人交往的能力),可以怨(把握批评的尺度)。迩之事父,远之事君;多识鸟兽草木之名。"在另外一个场合,他又教导自己的儿子说:"不学诗,无以言。"可见,诗教在育人树人方面起着极其重要的作用。这是因为,诗歌是人们最喜闻乐见、易诵易记的文学样式,从小背诵、天天背诵,自然能起到潜移默化的作用。比如著名的《二十四孝图》,就是以诗配画而大行于世的。在二十四孝中,最使我感动的是黄庭坚的故事。黄庭坚,北宋分宁(今江西修水)人,著名诗人、学者和书法家。虽然身居高位,侍奉母亲却竭尽孝诚,每天晚上,都亲自为母亲洗涤马桶,没有一天忘记儿子应尽的职责。为这件事所配的诗曰:"贵显闻天下,平生孝事亲。亲自涤溺器,不用婢妾人。"一首小诗,概括了黄庭坚的孝道,令人过目难忘。

有些诗词作品,具有很好的警策作用,是可以作为我们生活中的座右铭的。比如欧阳修的《画眉鸟》:"百啭千声随意移,山花红紫树高低。始知锁向金笼听,不及林间自在啼。"这首诗不仅道出了自由的无价,对于当今社会存在的"金丝鸟"现象,也是一种警示。

这类例子举不胜举,的确是需要我们好好学习的。

梦回家园

原创 2017-03-03 王蒙

读罢《忽如归》，心情久久不能平静，我相信戴小华写它时更是内心激荡。家园，对于她来说，是故土，是亲人，是国家，是心灵的归宿。梦里家园，更加深情乃至带几分悲怆了。

这本书，让我重新认识了一段历史，一个老乡，一个家庭，一个友人。

一段历史。今天的两岸关系，来之多么不易！小华的大弟戴华光，是上世纪七十年代台湾著名的"人民解放阵线案"（又称"戴华光案件"）的主角。他曾因从事"宣传和平统一，避免民族分裂"的活动，而被台湾当局判处无期徒刑！据台湾"法务部"的报告显示，在长达38年的戒严令期间，台湾有14万"白色恐怖"的牺牲者。可以想见，在这段漫长的岁月中，多少父母亲人流泪忍痛,多少家庭破碎解体,多少有识之士奔走呼吁。这段惨痛的历史,正如小华所说:"'爱国'在那个时代是个很痛苦的词。"说时太沉重,但是我们难道不该记取吗?

一个老乡。我是河北沧州南皮县人,与小华是老乡。认识她多年,零零星星从她口中得知一些她的身世,但从没有像这次,了解得这么全面。小华是一个非常重乡情的人。家乡落后,她从不嫌弃,乡亲们土,她也不见外。她在家乡做过许多善事。干起事来,特别认真。提到两岸关系,她总是旗帜鲜明地拥护统一,乐见人民幸福。所以她在母亲遗体回葬故土遇到困难时,才得到了祖国大陆那么多人的帮助和支持,简直可以说是创造了闻所未闻的"奇迹"!

一个友人。早在二十五年前,首次在天津的一家比较一般的旅舍的前厅,我见到了小华。她鹤立鸡群,风采卓越,同时她说说笑笑,健康明朗,与大陆各行各业的人士接触起来毫无隔阂。后来有一次我们加上柳溪共回故乡沧州,交流起来也方便得很。现在终于明白了,她是以对待梦里家园的态度对待大陆的。她过去是现在也是中华的女儿!

一个家庭。古人云:燕赵多慷慨悲歌之士。小华的大弟戴华光就是一位慷慨悲歌之士。他性格刚烈,以天下为己任,曾是搅动台湾社会的一个先锋分子。他在绿岛监牢中受难逾十年,身为无期徒刑政治犯,在狱中还打抱不平,曾两次踢破监门,多次被关入逼仄阴湿黑牢。他的身体一度损害到了死亡的边缘,给家人写下了绝命书。在忍受身心迫害多年后,他回到河北沧州故土,小本经营,安定美满,依然乐善好施。我深深地祝福他!

从小华和他的大弟华光身上,我看到这个家庭的性格。父母一生虽然聚少离多,但对孩子的影响,却是积极正面的,是助人为乐,是仁爱众生,这也是为什么他们能够培养出这样的儿女。尤其是小华对母亲的描写,深深打动了我。她在丈夫多年无音信、儿子生死未卜的日子里,终日煎熬,以泪洗面,却始终坚强、善良,担起了全家的重担,令人感佩!

好人好报。

祝贺小华的《忽如归》出版,请作者接受家园的父老兄弟姊妹的欢迎与祝福!

我错了

原创 2017-03-05 郭文斌

在一次论坛分享中,有位同学讲,听了我的课后,晚上回家就给丈夫说了一句"啊我爱你",不想丈夫先是一怔,用诧异的目光看了她好一会儿,然后说:"神经病!"她问我为什么。我说,很简单,就像你给丈夫泡了一杯你认为的世界上最好的茶,可他认为是陈茶,哪怕你再强调是新茶。什么原因?茶杯的问题。如果茶杯没有洗干净,再好的茶泡出来也是陈茶的味道。同样,如果心灵积垢没有清除干净,给别人"我爱你"这杯茶,可能就会是"神经病"的味道。

那怎么办?先清理心灵积垢。如何清理,还是靠一个念头。哪个念头?"我错了"。它是我们打扫心灵积垢的铁抹布。生命的茶杯用了许多年,满积灰尘,透不过光来,心就不灵。说一句"我错了",就是在生命的茶杯上擦一抹布,不断地擦,最后擦到像刚出厂一样。

生活中,人们习惯于说"你错了",习惯于把错误都归结给别人。然而有一次,在一个特定的情境中,我练习说"我错了",刚开始感觉只是嘴巴在说,说着说着就认真了,泪水就出来了。泪水一出来,心就变软了。心一软,就能发现错误,准确些是承认错误,再准确些说,是开始接受一种心态,那就是人一定要认错,甚至认输,错了就错了,输了就输了,不能自欺欺人。

一句"我错了"可以解决许多问题。不说"我错了",说"我爱你"是假的,自己都不承认错误,不愿意打扫生命中的垃圾,去不掉自己的傲慢,如何去说"我爱你"。只要傲慢在,就不可能去爱人,真正的爱心里没有傲慢、嫉妒、抱怨。

有一次,我因为一件小事和妻子有了争执,僵持不下。最后,她问我到底认不认错。我说我要捍卫真理。她说,好,那我就让你尝一尝捍卫真理的味道。说完,拎包走人。吃晚饭的时候,我就后悔了。第二天,有一件非常着急的事必须她处理,更加后悔。这时,一位学生提醒我,说"我错了"啊。就只好说。酝酿了半天,打算说句"亲爱的,我错了,回来吧",拿起电话,没想到"亲爱的"没说出口,"回来吧"也没说出口,勉强说出"我错了"三个字。但效果非常好,过了一会儿,就听到了钥匙插在锁孔里的很温柔的声音,回头一看,她回来了。

一定意义上讲,这个世界上压根就没有什么理好争。如果大家都能说"我错了",这个世界显然要和平得多。战争的动因是动了一个"你错了"的念头。从这个意义上,能说"我错了"是第一生命力。

第一个"我错了"要说给父母。我们欠父母的太多。当年父母端详着我们长大,现在我们却连认真地打量父母一眼都没有过。父母给我们的爱与我们返还给他们的爱是多么不对等,认识到了,就赶快用行动给他们说一声"我错了"。

第二个"我错了"要说给另一半。大多数人都或多或少地伤害过对方,要真诚地给另一半说"我错了"。当面做不到,可以留纸条、发短信,不管何种方式,让对方感受到自己的态度,矛盾就缓和了,家庭气氛就轻松了。

第三个"我错了"要说给孩子。不要认为给孩子说"我错了"会降低我们的权威,恰恰相反,给孩子说"我错了",是直接教给孩子谦德,孩子会更加尊敬你。

第四个"我错了"要说给自己。如果伤害了身体,要给身体说"我错了";如果我们伤害了胃,要给胃说"我错了";如果伤害了肺,要给肺说"我错了"。

第五个"我错了",说给朋友以及万事万物。说"我错了"要和赞美结合起来。而要赞美别人,就一定得看他人的优点。人之所以说"你错了",一定是只看他人缺点了。

母亲周小燕周年祭

原创 2017-03-09 张本

到三月四日,妈妈离开我们整整一年了。每当晚上睡不着觉的时候我总是会想起她,从我小时候到最后握着她的手和她分别,所有的往事,一件件一桩桩,有甜的也有酸的,点点滴滴犹如涓涓细流,汇集在一起就成了无比的思念。

我从小到大,真正和妈妈在一起的时间并不多,她太忙了。在我记忆中,小时候每天从幼儿园回来,就是在保姆房间里,无聊地趴在床上翻看保姆看图识字的扫盲课本,等着天黑妈妈从学校回来。回家进门第一句话,我总是问她"晚上还出不出去",最怕听到的就是"晚上有学生演唱会",或者是"要去过组织生活"。如果能听到"今天没事情了",那就像得到了什么奖赏一样。那时候妈妈既负责学校声乐系的教学,自己还有演出任务。即使在家,不是上课就是自己练唱,根本没有时间陪我。我小时候,妈妈没有像现在的家长那样来管我的学习,但是她一直注意观察我和哪些同学在一起,她说她只要知道我交的是什么样的朋友,就知道我成长的情况。

"文革"开始没多久,爸爸被隔离审查音信全无,连被关在哪里都不知道。不久妈妈也被审查不准回家了。我当时刚11岁,同姐姐一起跟着保姆过。妈妈后来回忆说她那时候在学校非常想念我们,每次劳动都尽量争取去干那些靠近学校围墙栏杆边的活,一面干活一面看栏杆外面的马路,希望这时候我和我姐姐会正巧走过那里,可是每次都让她失望。过了一段时间之后,审查稍微松懈了一些,每月发完工资,可以允许妈妈回家几小时送生活费。记得有一次我送妈妈回学校,临分手时,妈妈往我手里塞了一块钱,对我说:"你在长身体,妈妈不能照顾你,想吃什么自己去买点。"妈妈那时候拿的是基本生活费,那一块钱是她从自己伙食费里省出来的。我手心里攥着妈妈给的钱,看着她渐渐离去的背影,那一幕我至今难忘。

"文革"结束后,我去了美国念书。刚到美国时,生活非常艰苦,一面读书,一面要自己打工挣学费生活费,在美国六年没有回家。我从来不跟家里说我的生活情况。有一年妈妈因为工作来纽约,她执意要去看我居住的地方。我那时候住在一间人都站不直的小阁楼里,房间里仅够放一张小书桌和一张行军床,没有空调,夏天房间里又闷又热。妈妈看了之后没有说任何可怜我的话,只是故作轻松地说:"还不错,收拾得很干净。"她心里知道,我这时候需要的不是同情和怜悯,而是信心和鼓励。独立自强,靠自己努力去争取未来,这是她的父亲教给她的,她也要这样传给我。在我成长的道路上,妈妈会为我创造条件,指明方向,但是她绝不会扶着我走,替我去做任何事,自己的路必须自己去走,这是她的原则。看完我的房间,妈妈回去了,没有对我多说什么,只是悄悄地把别人送她的两瓶维生素留在了我桌上。

在我记忆中,和妈妈单独在一起的时间很少,一生中最长的一次也许就是九八年在欧洲的那十几天了。那次妈妈有机会去法国和意大利旅行,我从美国过去同她会合。在意大利南部的卡布里,我们坐着当地人划的小舢板游览著名的蓝洞。在微波荡漾的地中海上,划船的意大利船夫唱起了当地的民歌"重归索兰托",妈妈兴奋地用意大利语同他一起唱了起来,边上的游客都吃惊地看着我们。

妈妈因为在同江苏省合作排练歌剧《弄臣》时在南京不慎摔断腿做过手术,那次去欧洲旅行带了轮椅。在我们乘坐轻轨从法国凡尔赛宫回巴黎市区的时候,正赶上下班高峰。到了巴黎,我先把她的轮椅从车上搬下来,当我正准备回过身去扶她下车时,列车竟不等关上车门就开动了。正在我不知所措的一刹那,妈妈突然纵身一跃,跳下了已经开始逐渐加速的火车,车上的乘客都惊叫了起来。妈妈若无其事地往轮椅上一坐,得意地说:"这点算什么,我小时候从高得多的树上都敢往下跳。"她忘记了她当年跳树的时候还不到18岁,而现在已经是81岁了。当时边上的其他乘客一定在想,这位老太太火车都能跳,还要轮椅干什么?

在巴黎,妈妈本想去看看她早年念书的巴黎音乐师范学院,我当时觉得我们日程太紧,就没有去,只到巴黎埃菲尔铁塔附近她60年前开过独唱音乐会的剧场门前拍了几张照片。后来我一直后悔当时没有满足她的愿望,妈妈心里一定很记挂她当年学习过的地方,想去看看那里的变化,重温一下她的恩师给她上课的感觉。在妈妈临终前,我在她耳边轻轻地答应她,等她痊愈后,一定陪她去那里,去看看她的学校,去听一场歌剧。

在妈妈最后的几年,我基本上每年都休假两星期争取回来看看她,希望能陪她说说话。可是能和她单独在一起的机会实在太少了,她每天不是给学生上课就是接待来客,或者没完没了地接电话。在美国每星期跟她通电话基本上都是听她说,说她的工作,她的学生。其实她后期的学生我大部分都不认识,我只是从她不停的述说中,知道她最近身体不错,精神很好,知道她又取得了新的成绩,还在计划做更多的事情。她谈话的内容对我来说其实并不重要,我只是想听她说话。从她的声音里,我可以感受到一种安慰,一种母爱。在同她通电话的时候,我会感觉到在遥远的另一头,有我的精神支柱,有我温暖的家。我多么希望能永远地听到她的声音,听到她的欢笑。一年了,我没有能够再见到她,但是我知道,就是相隔再远,妈妈的手也还是和我握在一起,她时时刻刻都在关心着我的思想,我的工作,我的生活和健康。

　　妈妈把她的毕生精力都献给了她追求的艺术,她的大部分时间都用在了学生身上,我能够理解她。从她的身上,我看到了人生的意义和价值,我学到了自立和自强。我会永远在心灵上同她交流,她永远是我做人的榜样。

铁木后传

原创 2017-03-10 刘心武

亲友们不理解,我怎么会大冬天的,跑到远方一处萧条的农家院,一住就是十天半月的。按说,应该春暖开花以后去,要么,就在果园下果子的时候去,那两个时间段,那一带的农家院生意都会兴隆,特别是我熟悉的这家,它的柴锅豆腐焖肉,吸引着许多的回头客。

我最初也是春天去看大片的果树花,夏末去采摘鲜果,偏又好一口豆腐焖肉,选中这个农家院的,后来连冬天也去,却是因为跟院主,成为谈伴。院主小徐,在上世纪八十年代,也曾卷进文学热,希望自己能跻身文坛,写得勤快,投稿多次,但始终未有斩获。虽然后来他尝试过多种营生,基本上放弃了写作,但对文学的热爱,却仍保持热度。我跟他的头次欢谈,是他告诉我,有次收拾客人离去后的房间,发现遗留下一本薄薄的小说,是孙犁的《铁木前传》,从登记本上查到客人留下的手机号码,打过去,希望提供地址好寄还,对方表示不必,送给他留下看。小徐就读了。他告诉我,惊呆了。他的文学启蒙书,是《艳阳天》,当时觉得文学就该那个样子,读了比《艳阳天》早出多年的《铁木前传》,才懂得,文学要写时代,甚至不可避免要写政治、写经济,但到头来,也要写到人的私密情感,挖掘到人性深处,这也是文学的本性。他拿出那本意外获得的天津百花文艺出版社印的《铁木前传》给我看,书页发黄,里面的油画插图却还鲜亮,他说因为实在喜欢这本小书,所以他后来用牙刷细细地清除了封面封底上的污垢,修补了书脊上的破损,但他不愿意包上书皮,因为他连那封面装帧也珍惜。恰好我自己也保存有一本同版的书,而且孙犁是我挚爱的前辈作家之一。小徐让我推荐些类似的如今已经不热门或一直遇冷的好书,我给他开列出书目,其中有李劼人的《死水微澜》、叶永蓁的《小小十年》、穗青的《脱缰的马》、端木蕻良的《鴜鹭湖的忧郁》、柳杞的《长城烟尘》、林斤澜的《矮凳桥风情》……慢慢搜寻吧!

今冬我带了四大本改革开放初期重印的傅雷翻译的,法国作家罗曼·罗兰的《约翰·克利斯朵夫》,到小徐那里重温少年时代的阅读乐趣。侃山时涉及中外古今诸多文学作品,免不了又议论到《铁木前传》,孙犁笔下那木匠的儿子六儿、铁匠的女儿九儿,以及那个独特的女子小满儿,是多么生猛鲜活的人物形象啊！可惜后来孙犁那种柔曼的笔触渐渐不被容纳，他计划中的《铁木后传》，也就始终未能面世。叹息后，小徐就说："刘叔，其实，我这后院的两家租户，他们的故事，就可以写成《铁木后传》哩！"

小徐他们那一带，方圆数十里，全是果园，最多的是苹果树。苹果熟了，少量销给采摘客路边客，绝大多数，果农是暂存到冷库，有批量采购的，再到冷库去发货，因此，在那边经营冷库的，很是赚钱，冷库又带动了相关的生意，比如装苹果的大果筐，前些年，这些果筐全是木条钉成的，里面有专门的厂家生产的塑料袋，来兜住苹果，底部都留有空隙，好用叉车将果筐叠起来存库。就有老远的外省的人士，来这边在镇里租借场地，采购来木料，制作冷库用的果筐，每增加一座冷库，就会需要几千个果筐，生意一度非常火爆。有两户外地人家，作坊设在镇上，住家则租的小徐那幽静的后院，一家就是专门制作木果筐的，显得非常富裕，另一家呢，则是专门处理铁条的，生意一般，吃穿用方面就显得比较节俭，也是木家有个男孩，铁家有个女孩，他们在同一所小学上学，年龄相差不多……那么，到去年，不但木料的来源渐渐枯竭，冷库设备升级换代，淘汰掉木果筐，大量购买铁条果筐，男孩那家的家长想转型，却发现附近钢铁厂产能过剩，早把大批量的铁料以很低廉的价格都卖给女孩那家了，那家接到冷库的大订单，大张旗鼓地生产起铁条果筐，顿时经济情况两家换位！小徐告诉我，今年春节前，男孩那家决定从这里撤走，回家乡那边，据说是想开发兜苹果的塑料袋,再批发到这边冷库来,于是,他看到非常值得写入小说的一幕:那男孩子随父母撤离前,把自己家种出的一个最漂亮的葫芦给了那女孩,而那女孩,则拔下头上的一个蜻蜓造型的铁发夹,给了那男孩……

一粒麦子若是嚼掉,就什么也没有了,若是落到田地里,则会长成一株麦子,结出一串麦粒。获得过孙犁《铁木前传》滋养的我和小徐,谁能写出一篇《铁木后传》来呢?

说译名

(原创) 2017-03-10 任溶溶

我们吸收外来语,大致上不外乎用三种话,即普通话、上海话和广州话。

这三种话大都各说各的。例如英文的 butter,普通话叫黄油,广州话叫牛油,而上海话叫"白脱油"。用上海话读"白脱油"很好,很接近原文读音。但我记得,当我在上海少年儿童出版社工作时,有一位同志从南京调来上海,上班时对大家说他买了个"白脱面包",他说的"白脱"完全是规范的普通话,全室同志大笑。因为"白脱"用上海话说很好,但一用纯正的普通话说就很怪了。我们广东人虽在上海,就说"牛油面包","面包上搽牛油",很好,绝不会把"牛油"说成 bag tüd yau。

不过有些外来词经一个地方译出,也就约定俗成,大家不另译了。

有一天孩子给我吃"曲奇"。我很奇怪,这明明是饼干,怎么叫"曲奇"(qūqi)呢?于是我让他给我看饼干罐头,一看,这曲奇是香港出产的,于是我用广州话读"曲奇"两字,一读就明白了,这"曲奇"是广州话读音,原文是cookie,音是kugkei,与曲奇的广州话读音kug kei完全一样,可见"曲奇"是用广州话读音译成的。这饼干在国内畅销,各地也就跟着称它为"曲奇"(qūqi)了。

因此,有很多译名,一读就会想起它们是用哪种话译成的。比方说chocolate,广州话叫"朱古律",普通话叫"巧克力",但巧是qiao,跟cho音不合,而"巧"用上海话读正好是"cho",可见"巧克力"这译名是上海话译的。

推而广之,"华盛顿"不会是普通话首译,如用普通话译不会用"华",而用"沃"或"瓦"了。"林肯"也绝不会是广州话译的,因为"林肯"用广州话读成了"Lemhem",这名字用上海话读最接近,大概正是用上海话译的。

我是电影迷,记得许多好莱坞电影明星的名字。他们的名字,港粤与上海译音往往不同。例如上海叫"秀兰邓波儿",港粤叫"莎梨谭宝",那一胖一瘦搭档,上海叫"劳莱·哈台",港粤叫"罗路·哈地"。上海叫"范朋克"的,港粤叫"菲宾氏"。

只有一个译名,我至今想来想去想不通,三明治为什么译成三明治,原文没有"明"这个音啊!除非是当时译者眼花看错,把sandwich看成sandmich了。一笑。

忆老爸贺友直

原创 2017-03-16 贺小珉

想老爸,睡不着起床想写,还没写,泪已湿满纸。每次都是这样,才写几个字就悲痛得无法写下去……

2016年3月16日,特别晴朗的一天,上午起床后爸爸反悔了在前一天晚上与我的约定——由我去买包子的早餐,说:"今天我身体很好,想自己下面条吃。"他下了一碗平时最爱的葱油拌面,看他面条很多我说:"老爸您吃不完的吧?""吃得完!"果真他最后一口吃不下了:"阿珉,老爸吃不下了,侬收收残羹(不要浪费),只是老爸是牙咬断面的,你会嫌脏吗?""不会!"一口我就把老爸吃剩下的面条吃了……一切都跟平时的每个早晨一样。

临去上班,看老爸和宁波美术馆的人说话时在落泪,还从背后拥抱亲了他一下,哪知这是最后一次拥抱亲亲老爸!就在我离开还不到半个小时,接到妈妈电话。妈妈声嘶力竭地叫:"快点回来!你爸爸不行了……"那天,毫无前兆的,爸爸就这样永远离开了我们,没有一句话!

很多次晚上我们一起吃饭时,老爸都会说:"人都会有走的一天,我要有尊严地走,不要像有的人那样,全身插着管子,自己痛苦,家人也辛苦。长病无孝子,我希望自己今后走时不要生很长时间病,最多一个星期,那样也给你们有个准备……"可老爸,您为什么那样失言,连给我们一点点准备都没有就这样匆匆地离去了!

爸妈的五个子女中,我是与他们相处时间最长的,算来应该有五十年左右了。和爸妈朝夕相处在"一室四厅",我也是受到爸妈关爱最多、倾听爸爸心声最多的一个孩子。

小时候因为身体不好,经常要住院。当时的儿童医院就在巨鹿路上,每当爸爸哄我时,我就知道他又要带我去住院了,就开始大哭!爸爸就会说:"我一定每天来看你。"有次夏天,爸爸戴着大草帽一边哼着歌,一边背着我去医院……2012年我生病住院,为了不让爸妈担心,就善意欺骗说是住院体检。原以为住一个星期就可以出院的,哪知不行。中秋节前一天,爸爸给我电话:"你在医院怎么了?中秋节总应该回家吧?"我哭了,说实话了。第二天,老爸来医院看我,一踏进病房他也哭了,说:"看你那样想到了你小时候,那时你住院,每天下午就等着我去看你,我从楼梯走上去时,头刚刚露出最上面一个台阶,就看到你那小脚,扶着站在小床上,看到我就开始哭了……"

后来,哥哥姐姐"一片红"去了插队落户,我和小姐姐就自然去了工矿。分配工作前,爸爸带我去了在汾阳路上的"工艺美术研究所",去看如何刺绣。我说不想学刺绣,还是进了工厂,被分配到一个最苦的车间,被旁人看不起。那时爸爸已经可以每天回家了,他让我学画画(小时候他根本不让我们孩子接近他画桌的,曾经我踮着脚偷偷看他画画,还被他用笔打过手,说"这口饭是不可以吃的")。他帮我放好三脚架,搁好画板夹好纸,画石膏像。可是他说的都是一些理论,我对着一个石膏像画了几个星期,他都不表扬一句,我就此放弃了学画。

成家后因孩子身体不好,就从厂里出来在商场站柜台。冬天站在大理石上,十个脚趾都生满冻疮。一天突然有人拍拍我的肩,回头一看是爸爸!他说:"脚痛吗?"我点点头,爸爸背着的手抬起,提着一双球鞋:"给!穿上它脚就不会冷了!"这是我人生第一双新球鞋。

一些小小的事情,一直影响我至今。一次我一个字不认识,老妪的"妪",问爸爸,他说:"我是小学生,你可以自己翻字典,如字典没有翻辞海。"我查了字典后他说:"不要轻易放弃一个不认识的字,或看书报时遇到不认识的字就跳过,那样你永远会不知道那个字读什么,让你自己查是为了加深你对不识字的印象。"过去爸爸的画桌上有一块白的小瓷砖,我问:"这是做什么的?""是记事情的,但你年纪轻轻不要记备忘录,脑子就是要多用,要多记东西,越是多用就越有用。"再后来开车后,爸爸也不让我用导航仪,说:"要自己记路,记方向,不要依赖那些仪器。现在的人越来越懒惰了,你不要这样!"

老爸对我非常严格,无论是吃、坐、说话、穿衣,样样要管。按理,在孩子中我是老幺,他会最疼我,但他反而处处对我严加管教,使我成了被同学朋友笑的"晚上九点三十分就要回家的奶奶!"当时不理解他为什么对我这样,为此还与他争吵过,说他庇护姐姐,为什么对姐姐不这样。现在想来他都是为我好。长这么大,真的老爸好像从来都没有表扬过我,有的都是批评。然而因我性格的关系要搞清楚很多事时,老爸就会说:"人要糊涂一点懂吗!要有点阿Q精神,不要什么事情都要搞清楚、问清楚,自己心里明白就可以了,不要心里想的马上就嘴巴出来,嘴巴要出来时心里要想一想!"回想起来,这正是特别的爱啊!

晚年的爸爸特别感性,每每晚上陪他一起喝酒时他都会说起他的童年。每次一说起他的姑妈老爸就会落泪,他觉得感恩不够。爸爸一直对我说:"人要懂得感恩,无论是好人或坏人你都要感恩。在你困难时帮助过你的人要感恩,对你不好的人你也要感恩,因为正是那些对你不好的人让你懂得了很多,你当然要感恩他们让你懂事了。"在他喝酒时我可以聆听他很多的心声。他的后六十年一直住在这"一室四厅"中,他说:"这是一种乐趣,一边作画一边可以听到厨房喊喊喳喳的说话声和闻到菜的味道,然后想象喝酒的菜肴,这多快乐。

现在的大楼虽房间大了,左邻右舍都毫不相干,这多无趣,住在里面犹如鸟被关在鸟笼。"

老爸看似是个对孩子很严肃的人,其实他把对孩子的爱倾注在生活中的点点滴滴。有次姐姐住院手术,老爸落着泪在我面前说:"你们个个都跟我不要生病,如你们有一个生病了,我即使倾家荡产也要帮你们治病!"这就是我那严肃的老爸!他不但关爱我们这一代,也爱护着第三代,他总很愧疚地认为是他的缘故让我们没好好的念书,他希望第三代能好好读书,当他知道我们下岗了,就倾囊帮助我们的第三代读书……

"老得慢一点,走得快一点。"老爸,你想的都做到了,问题是您走得太快了,太快了,太快了……

不领孙辈的老人自私吗?

(原创) 2017-03-20 孙琴安

敬老爱幼是中华民族的传统美德,是从成语"敬老慈幼"转化而来的,但其尊敬老人、慈爱孩童的原意不变。在历史上的某些时期,它还曾被作为国策来加以施行,有些地方长官还把它作为治安良策,效果甚佳。

此语本来尊老在前,爱幼在后,至少是并列。但自近几十年来独生子女家庭猛增普及,风向转换,爱幼之风日盛,尊老之风益衰。在我儿时的记忆中,许多家庭都非常敬重老人。吃饭时都是长辈坐上席,小辈坐下席;长辈未上桌,大家不动筷,如有好吃的,也都是挟给老人先吃。最大最好的房间,都是留给老人住,儿女们即使再拥挤,也不敢逾越半分,动此"邪念"。老人有点不适,全家不安,嘘寒问暖,立马送医院。女作家欧阳文彬就曾对我说:她亲眼看到叶圣陶蹲着为老母亲剪脚趾甲。待母极孝。我后来到叶圣陶家,确见五世同堂,长幼有序,其乐融融,家风承传之美,令人羡慕。

现在的家风完全倒过来了,小孩有个伤风感冒,咳嗽几下,不得了啦,全家人急得团团转。小孩天真,哪里不舒服,实话实说,弄得父母心急火燎,以致有虚惊一场的;老人有个不舒服,生怕影响大家,多半瞒着忍着,即使有了症状,也得不到孙辈那样的关怀和重视。理由很简单:老人嘛,总有病,哪个老人没有病?不稀奇。就这样被轻轻撂过。有的甚至被冷落一边,无人问津,待遇和贵重程度远不如孙辈。过去是全家人围着老人转,如今是全家人围着小孩转;过去是全家人争着向老人尽孝,如今是全家人争着向小孩施宠;过去的全家福是以老人为中心,现在的全家福是以小孩为中心;过去是孙辈向爷爷奶奶施好,如今是爷爷奶奶为孙辈背书包,跑腿子,而且忙得不亦乐乎!他们省吃俭用了一辈子,如今还在省吃俭用;他们把第一代拉扯大了,如今又在拉扯第二代,而且心甘情愿,忘了自己。

这究竟算是进步,还是退步?我暂不敢判断,我敢判断的是:我们现在的"爱幼"程度,在世界上已经是名列前茅、数一数二的了,也超过了历史上任何一个时代。有的已经失去理智,不计后果,有的甚至实际上已经在"害幼"了。难怪我的老邻居邵家阿婆曾感叹道:"现在的家长对小囡宝贝得不得了哇!不要说打,连碰都不能碰!"

就连在华工作的老外也知道中国人宠孩子,当然,外国人也有敬老爱幼之说,但他们的观念和方式与我们不一样。他们会尊重老人的生活方式,给老人应有的生活空间和自由,不轻易去打扰老人的日常生活和兴趣爱好。万一遇到照顾小孩方面的事,除非是紧急情况,一般都尽量自己解决,不好意思麻烦老人。

我们这儿呢?不领孙辈的老人会被认为太自私,自顾自。如有些老人甘愿含饴弄孙,以此为乐,那倒罢了,如有些老人心力不济,自顾不暇,或别有爱好,就麻烦了。我就听一个老妇犯难叹苦:"养了三个孩子,再带三个孙辈,怎么吃得消?带了这个不带那个,又不行。干脆一个都不带!"孩子成年成家以后,父母就应当学会让他们自食其力了,这不是养得起养不起的问题。

至于中国的敬老爱幼,虽有老幼兼顾之意,但毕竟敬老在前爱幼在后。这也难怪,老人年迈,来日无多,应尽量让他享些福;小孩正萌,来日方长,好日子多着呢,儿孙自有儿孙福嘛!着什么急?爸爸妈妈、爷爷奶奶为家庭含辛茹苦,操劳了一辈子,如今年老力衰,难道还要他们继续受累?说不过去吧!每个老人都有一部沧桑史,没有他们的打拼和创业,哪来这个家庭?别看他们白发苍苍,敏感着哪!就像一个面临退休的老员工,谁尊重他谁冷落他,清清楚楚,对老人亏待一点,连个弥补的机会都没有,后悔一辈子。我是从来不敢在父母面前宠儿子的。我甚至认为:凡耄耋老人,哪怕有些人以前犯过错,也都应该尊重他们。因为一个人一生既要面对各种社会风浪,又要与各种恶劣的自然环境和病魔搏斗,不知有多少人中途夭折,而他们能活到这把年龄,实在不容易。我们应该理解他们,祝福他们,爱护他们。

当然,我这样说,并不是要返回到父为子纲、父父子子的时代。只是感到我们现在的社会风气是爱幼有余,敬老不足。至少得有个平衡。一种家庭伦理丧失之后,就应建立一种新的;而新的家庭伦理应该比以往的更合理,也更符合人性,体现人性。况且我们正走向老年社会。多给老人一点温暖一点关怀吧!我们每个人都会变老的,尊重老人,就是尊重自己。

墓地

[原创] 2017-04-04 詹丹

清明时节,想起了几处墓地。

去年,我本有两次出访的安排,一次去俄罗斯社会科学院普希金之家,还有一次是日本神奈川大学。但因为患病多年的母亲状况已不太乐观,就推掉了日本会议,匆匆去了趟俄罗斯。除开与普希金之家的专家会谈外,我和几位同事也参观了俄罗斯的几个艺术博物馆,但印象最深的,却是莫斯科郊外的两处墓地。一处是新圣女公墓,墓地管理员是一位大学退职教师,学识渊博,带我们边看边介绍,墓地里有各种风格迥异的雕塑,切合墓主人的身份,也体现出雕塑家们独具匠心的理解。我看到了政治家赫鲁晓夫、葛罗米柯的墓;看到了艺术家斯坦尼斯拉夫斯基、梁赞诺夫的墓,看到了作家果戈理、契诃夫的墓,也看到了巴别尔、法捷耶夫、奥斯特洛夫斯基的墓,甚至看到了青年英雄卓娅和舒拉的墓。几乎是一部小型的俄罗斯包括苏联的社会名人史。我拍下了舒拉墓碑前的圆雕,一个头微微向上仰起、做着跳跃姿势的青年造型,也拍下了靠着大理石垫背像是已经瘫痪在床的奥斯特洛夫斯基浮雕。我想把这些照片通过微信传给病床前的母亲看,我知道母亲曾经喜欢其中的某些作家,但踌躇之下又放弃了,因为毕竟这是墓地,对一个病重的老人来说,也许是忌讳的。所以,当我去了图拉的托尔斯泰庄园,当我拍下托翁的坟墓:一个没有墓碑、没有雕塑的坟墓,一个只覆盖着绿枝、被穿透林荫的阳光所照亮的坟墓,一个被茨威格称为世上最美的坟墓时,我也没有把照片传给母亲。

后来,在我回国的 2 个月后,在 2016 年的 10 月下旬,母亲因镇痛麻药用过量,突然去世了。

我们遵照她生前与红十字会签下的意向书,把母亲的遗体捐给了复旦医学院。许多年前,当我父亲去世时,他的遗体也是捐给医学院的。

前几年,在青浦福寿园,墓区专门辟出一块地方,把捐献者的名字刻在碑石上,红十字会每年也会举办一些纪念活动,邀请愿意捐献自己遗体的人及其家属前往。我曾连续两年接到通知,但都因为要陪护患病的母亲而没能参加。

2017 年 3 月 1 日,是红十字会的遗体捐献日。我第一次去福寿园参加纪念活动。那里景色迷人,墓区里也有不少雕塑,依稀有新圣女公墓的影子。在竖立着捐献者名录碑石的区域,我在1983年的一栏里,找到了父亲的姓名,又在另一块2016年的碑石上,找到了母亲的名字。我突然感到有些遗憾,我觉得我应该带母亲生前来看看这里的,哪怕是推着轮椅也应该过来。我应该让她知道,她以后安息的地方,景色是那么迷人,有那么多对死亡的意义理解相同的人,互相陪伴着。这其中,当然也包括先走了那么多年的我的父亲。虽然我清楚,这里没有捐献者的墓葬,但我仍然愿意把这里视为是他们最后的安息地。

我走出这片区域,沿着道路往大门走时,无意中看到了紧挨着路边的一块墓碑上有我熟悉的一个名字,她是东方广播电台一个女主持,我曾经还和她合作过一档节目。墓碑上有她的照片,她的样子是那么甜美,一如她的声音,充满了滋润心田的力量。

是的,20年前,我和她合作广播台的一档深夜播出的"博士谈名著"节目,先期录制,每周3次,每次半小时,围绕一部名著,先讨论20分钟后,再由她朗读10分钟的名著片断。本来只要我设计几个问题,她提问我回答,再朗读我勾出的几个片断就可以了。但她十分认真,总要求我提前一两个星期把书寄给她,她要从头至尾读一遍,写下疑问的地方,再来一起讨论设计的问题。每次播出时,我,还有我的母亲,都会等到深夜,一起听播出的效果。如果我出差了,我母亲还会把播出的内容录下,让我回来听。我劝她早睡,说这节目是给晚上失眠者听的,她没必要这么等、等这么晚的,我母亲总微笑着说,真喜欢听那位主持者朗读。我说,难道我的讲解就不好吗?母亲又笑着说,你怎么能和她比?话虽然说得有些扫兴,但我心里是认同母亲的说法的,因为每次我听她的朗读,总觉得我之前的讲解,是多么苍白无力。我甚至想,后来这档节目突然停办,也许是我的讲解太没有人气的缘故。所以,后来过去许多年,我在上海图书馆听王安忆小说讲座时恰好碰到她,结束时,她把我介绍给陪她来听讲座的广播台的同事,说我们以前一起合作做节目,我都觉得有点难为情。但即使这样,也不能因此说我母亲就不想听我的讲解。还记得,我在广播电台讲了一阵名著后,我母亲退休的单位通过她联系到我,要我去他们单位,在周末职工学习的时候也讲讲名著。我大概讲了2小时,在一片掌声中走下讲台,这才发现,母亲从一个角落站起,满脸通红,向我迎上来……

我呆呆地望着主持人墓碑上的照片,突然想,如果母亲去世前就来过这片墓地,知道她安息的地方,与她爱听的那位朗读者,挨得这么近,对她来说,是不是也是一种安慰呢?但是,这已经不可能了。而且,以前,我也没有想到过告诉那位主持,我的母亲,还有我,曾经那么喜欢听她的名著朗读……

三月初的上午,虽然风吹在脸上,还有阵阵寒意,但阳光已经洒满了整个墓地。

见字如面

(原创) 2017-04-12 叶永烈

最近,《见字如面》节目连续推出庄则栋、郑渊洁写给我的信,使我记起这两封信的来历。

庄则栋给我写过好多封信,这次由张涵予朗诵的是1995年5月22日的长信。庄则栋是一位很有文学修养的世界冠军,不仅信很有哲理,而且书法漂亮。他在信中说,"历史就像一幅巨大的油画,近处是很难看得清它的细节,退后几步方能看得清全貌。"他又说,"过去把我吹成'神',我受不了;犯了错又把我称为'鬼',那也不是。我真正的面貌是人,一个普通的中国人。"

他写信,喜欢竖写在印着红色长条方框的信纸上,用蓝黑墨水钢笔书写,也有时用毛笔挥毫。他的信,无一字涂改,整整齐齐,清清楚楚。那封长信很特殊,写在他的专用信笺上——也印着红色长条方框,但是方框下方印着繁体"莊則棟"三个字,还印着他家的地址。这是他给很熟悉的人写重要的信件时才使用的信纸。果真,这封长信被选信极为严格的《见字如面》节目组选中了。

我跟庄则栋相识,缘于他的同父异母姐姐庄则君。她生在上海,1949年去台湾,后来移民美国洛杉矶。她读了我1994年出版的《星条旗下的中国人》一书,在来上海的时候,通过出版社找到我。她郑重其事地向我建议:"你应该写一写我的弟弟庄则栋。"她提供了庄则栋的地址。那时候庄则栋深居简出,几乎不接受采访。由于姐姐推荐,他跟我有了鸿雁往返,然后我去北京叩开了他的家门。我与庄则栋同龄,而且对于体育界诸多问题的见解一致,所以他在那封长信中才会直抒胸臆。张涵予苍劲的朗诵,很好地体现了庄则栋冷峻的思索。但是信末那句"我想今后我们会成为朋友:'肃风通道义,墨池渡深情'",导演大约是担心这两句诗不容易听懂,删除了。这太遗憾了。朗诵时配有字幕,观众看得明白,不应删掉。

庄则栋是名人。我的书橱里有一大排文件夹,用来分类存放名人书信。收到他的来信,我随即放进标明"体育界名人"的文件夹里,所以一翻文件夹就能找到。"发现"郑渊洁的信,则给我带来惊喜。郑渊洁的信,写于1979年2月15日,当时他才24岁,是北京大华无线电仪器厂的空调工。他的信,被我放进一大堆读者来信之中。当时,我差不多每天都收到许多读者来信,只保留了一部分有点意思的书信,存放于铁皮档案箱里,至今仍有近千封。2014年我决定向上海图书馆捐赠手稿、采访录音带、名人档案以及书信,不得不对家中三十多个档案箱进行大清理。当我翻阅那一大堆读者来信时,见到一封信末署郑渊洁三个字,不由得眼前一亮。我饶有兴味重读这尘封35年的旧笺。那是用钢笔写在普通红色横条信纸上的,密密麻麻写满两张,字迹工整。

郑渊洁来信的第一句话就是"看到今天的《光明日报》刊登了您的事迹",因为那天《光明日报》在头版发表记者谢军关于我的报道,还配发了评论。郑渊洁这位关注报刊的青年工人,看了那篇报道,在当天给我写了这封信。他的信,一气呵成,行文流畅,无一字圈改。郑渊洁在信中说,他最初喜欢写诗,"立志要当个'诗人'"。他在报纸上发表了几首小诗,"许多人说我'想成名成家','拿双工资','不务正业'","我经常利用上下班和去食堂的路上背古诗,人家却说我'傲慢'、'不理人'"。他仍坚持写作。"后来我发现孩子们对听诗不太喜欢,倒很喜欢科学幻想小说"。于是他尝试创作科幻小说。他问我:"一、学习科学知识应该从什么地方开始呢?学到什么程度呢?一般了解行吗?二、需要懂外语吗?"

我从郑渊洁的信中看到了他的努力与好学,于1979年2月18日给他写了回信,还送了一本《小灵通漫游未来》。后来,郑渊洁成为北京《儿童文学》《东方少年》的编辑,给我写来约稿信,1981年出差上海时还来到我家。如今郑渊洁是孩子们熟悉的"童话大王",而他在成名之前这封珍贵的信,由青年演员林更新读出了青涩、谦逊、奋发的感情,给诸多年轻人以有益的启示。

爱夜光杯 爱上海

2018

第二辑

微信见人心

(原创) 2017-04-17 管继平

俗话说："路遥知马力，日久见人心。"这虽是传统的经验之谈，但如今看来已十分老套，尤其后一句，是比较繁笨的一种检验手法。说它繁笨，至少得花两项成本：首先需要"日久"，是一年半载、还是五年十年甚至更久？实在没个准。此乃时间成本；其次，光时间久若你不与之交往，还是见不得"人心"，非得经常把酒赋诗或一起切磋共事，方可慢慢略知一二，此乃交际成本也。两项成本叠加，待真正认清一个人之面目，或许悔时晚矣。人生几何，如今若再用这般笨办法，恐怕谁也耗不起了。

微信的发明，让人与人之间的亲密关系一下子变得可以速成。这"速成"正如我们的喂养鸡，一夜即可壮大。它的优越性是时间短,成本低、见效快,缺点是营养少,味觉差。然而,在今天这种一切都以求发展、重利益的状态下,又有多少人是喜欢慢下来细细体会"味觉"的呢?

所以,伟大的微信终于应运而生。自从有了微信,"马力"的问题暂且不去管它,但"人心"的事,至少可以看出个大概了。

我一直认为:要认识一个人,要了解一个人,只需看看他(她)的朋友圈微信好了。譬如说,公司要招聘一位新员工,合作要选一位新伙伴,或者,某某要谈一个新对象……在把握不准、拿捏不稳的情况下,如果没有更好科学先进的方法,最简便易行的,不妨先研究一下他发的微信圈内容,稍稍浏览数页,没准就会看出端倪。因为微信最能反映出一个人的交游,透露出一个人的口味,泄漏出一个人的心境。它犹如一面镜子,照出你真实的物像。也从中能看出一个人的性格和做派,有的人一天几十条,微信做得比工作还上心;有的人一月三五条,很少有什么事让他动心;有的人定位明确,总是做几个专项;有的人杂乱无章,东抡一棒西戳一枪……所以,就我所见的圈里,真是应有尽有,有专门熬熬鸡汤、抄抄文章的,有天天旅游卖萌、行走他乡的,有时时发图吆喝,老是充当销售商的……微信圈还真像一个大卖场,人人都在吆喝,人人都在浏览,即使很少看到自己真正需要的东西,仍会不失时机地礼节性夸赞一下人家的货色。

虽然我对微信也有所参与,但肯定算不上是一个"微信控"。有的人热衷于加微信、发微信,几乎到了见着人就加、见着事就发的地步。而我对于加微信,基本处于"不主动、不拒绝"状态,尤其是对方地位高、名气大,从不主动提加。至于发微信,我同样也不积极,有的人每天能发二三十条,他一天就抵上我一年的量。我的看远多过我的"晒",偶尔发一下,既不陷入,也不隔膜,宁缺毋滥而已。尽管如此,但每天对微信的依赖仍是不可避免,沟通联系之余,总会忍不住看看江湖上的风情。比如赵家儿子考上大学了,钱家外婆八十长寿了,孙家新居装修一新了……看到了,能不踊跃献花么?还有,李兄作品获奖了,周兄文章发表了……看到了,能不奋勇点赞么?过去所谓"人在江湖,身不由己",我从未混过江湖,故也了无心得,如今有了微信,才真正体会到这句老话的真谛!微信圈其实就是一个江湖圈,我们置身圈内,就自然会生出许多不得不说的话、不得不干的事。

然而,朋友圈里的点赞,风格各异,有的人光看不点,惜赞如金,似也过于冷漠;有的人不问青红皂白,逢人就点,见图就赞,似又失之太滥;还有的人在圈里光顾着讨好美女,其他一概懒于敷衍,给人也有"轻骨头"之嫌。殊不知讨好群芳,往往具有一定之风险,绝非多多益善,有时你想让众人满意,偏偏惹得众怒,里外都不是人。另外,还有一种人在圈里点赞,采取"远亲近疏"之策略,对亲近熟悉的朋友,则常常王顾左右、视而不见;而对于并不搭界的圈友,他反而大度,不吝赞赏……总之,点赞事小,牵涉的社交面却很大,个中之分寸极难把握,许多人常常在不知不觉中就得罪了人。我想这中间必定也有我。

虽然微信的存在大大方便了我们的社交,但它同时也使人与人之间变得过于直接,失却了一大片缓冲带。"海内存知己,天涯若比邻",痛苦的是有的并不是"知己",也一样要成为"比邻"。微信的平台上,所有活动都叫"晒",晒才艺晒心情晒交游晒胃口,但是你晒的同时也晒出了自己:有自以为是的,有不可一世的,有自我陶醉的,有不懂装懂的……浏览微信圈的人,好比坐在监控室里,同时面对数十个录像屏在浏览,但"你站在桥上看风景,看风景的人在楼上看你"。而真正厉害的角色,则是那种纯粹"静观"者,他永远在浏览、在观察,却永远不发一言。

微信圈里的众生相,林林总总,包罗万象。既然你进来了,就应该忍受它的所有。有传伏尔泰曾言:"虽然我不同意你的话,但我要誓死捍卫你说话的权利!"所以,我尽管说了很多,但我没有任何理由要求别人该如何。我想,你可以选择不进这个"圈",一旦进入你则无可选择。因此,对"圈友"的风格做派我们可以有喜好,但不可以有限制。不限制他人的根本目的,其实同样是为了他人也不来限制我。

等待父亲和母亲

原创 2017-04-30 吴霜

我的妈妈和爸爸是分别在1998年和2003年的五年间,相继离世的。

我那时早已是成年人,没有脆弱到会精神失常的地步,不过我真的在下意识地等待。就像小时候,等待爸爸回来带我去他的那些好朋友家;等待妈妈演出完了以后回家第一件事是看看她的小女儿——我,是不是睡着了。

等待父母是一种甜蜜的感觉,相信这个感觉每一个人都有。

其实这个世界上有许多事情一经生成就充满了无数的变数,远不是最初的表面现象。我的父母亲就如此。

人们知道,我的父亲吴祖光和母亲新凤霞,来自不同的社会背景和生长环境。他们结合的时候是1951年,父亲是从香港刚回内地的著名电影编剧、导演,母亲是在舞台上初露头角的天才演员。当时,无论是心怀美好祝福的人抑或是暗自诅咒他们的人,都没有忽略一个事实,就是他们在几个根本问题上的十分不同之处。

我父亲出身书香世家,祖父还做过不小的官吏。江苏常州的吴家,温厚雅致的气质有口皆碑。父亲是一个特别的孩子,家庭的影响使他生成了自由自在的性情,这种性情伴随他的一生,因而注定了一生的脚步坎坷多艰。

母亲不同,家境十分贫寒,是天津当年有名的下九流地区三不管一带捡煤核的孩子出身。母亲懂事极早,她瞒着父母看戏学戏,从六七岁时,开始了她的一生事业。一个街头滚打的毛丫头后来出落成了一颗戏曲舞台上的灿烂明珠。

因为各自的出身和成长环境的不同,我父母亲的性格也十分不同。父亲是名副其实的大丈夫,母亲小鸟依人,深感自己一生有靠,父亲是她的良师益友。几年以后,有了我们三兄妹,生活是丰富多彩、温馨富裕的。

考验来自1957年。有点年纪的人都不会忘记那场运动,父亲被扣上了右派帽子,要去东北进行"劳动改造"。面对这种打击,父亲身上与生俱来的安然和忍耐起了作用。三年冰天雪地的东北生活,我的父亲十分平静十分坦然地度过去了。

母亲却经历了一次巨大的考验。许多人规劝她赶快离婚以保全自己的政治地位和名声。从小的朋友小白玉霜就劝她,吴祖光几年都不可能回来,你离了婚,有条件更好的男人在等着你。最有意思的是父亲在香港时的前妻这时也出现了,她对母亲说,吴祖光一贯是个不负责任的人,随心所欲不顾别人,离婚才是正理。

母亲在这件事情上面表现出了非同以往的抗拒态度,她一面接受各样的批评和指责,一面毅然决然地坚决不离婚。来自各方的压力让母亲经受了巨大的痛苦和难堪,她非常勇敢地对领导说出了那句后来被人传诵的"名言":王宝钏等薛平贵十八年,我能等吴祖光二十八年!母亲等了父亲三年之后,父亲回来了。当年介绍父母相识的老舍先生在见到父亲的时候,对他说:你要善待凤霞,她有一颗金子的心。

在以后的几十年里,父亲果然善待母亲,而母亲也一如既往地忠实于父亲。当更大的风雨向他们袭来的时候,这种互相间的善待与忠实更加显示出了无可比拟的强大生命力。

他们相扶相帮地度过了"文革"岁月。那时候,母亲又被人劝说着要她离婚。这一次,劝说者中间甚至增加了她自己的母亲,我的外祖母看到自己的女儿身背右派分子妻子的包袱受人白眼遭人排挤实在不忍,她单纯地认为脱离掉一个这样的丈夫,女儿就可以摆脱羁绊重新飞上天空。

这一次,母亲仍然和1957年那次一样不"就范",对于这一点,她非常坚决:哪怕丢掉演艺事业,也不能丢掉家庭。她不离婚。其实我母亲一贯胆子很小,最害怕的是干部领导对她施加压力,但是在对待父亲的问题上,多年以来她的表现令人吃惊,令人敬佩,令人折服。所以后来有多少人在谈到坚贞、忠实这个字眼的时候总是引用新凤霞的例子来教导后人,母亲是当之无愧的。

"文革"期间,母亲不能演戏了,父亲不能写作了。但是,他们在共同的遭遇中对前途仍然充满着希望。直到十年以后,一切都过去了,他们才又回到了经过竭力维护得以安然无恙的家里。

父亲是典型的不为利益所动的中国知识分子,他在叙说自己观点的时候永远不会考虑世俗的因素,永远不会因为什么人的地位、权势而隐瞒自己的态度,他会为了给别人打抱不平而遭受一阵劈头盖脸的批判、训斥,父亲的这种闯祸的性格给无辜的母亲带来了无尽的麻烦,但是母亲从来没有任何怨言。

1992年,一场惊动全国甚至世界的"国贸案"就是一个最好的例子。父亲在报纸上看到了北京的两个女孩子在一个国有商店里被人无理搜身的消息,以他一贯的仗义执言为两个弱小的女孩子讲话,在《中国工商时报》上写了一篇文章痛斥搜身的单位。谁知遭到那个单位的妒恨,被对方以"侵犯名誉权"为由告上了法庭。那时候,父亲已经七十五岁了。那场官司足足打了三年。

报章杂志、广播电视不断播放登载,一场普通的民事案成了人们关注的一大社会新闻。那一场官司最终以父亲取胜对方败诉为结局。

这一场官司过去之后,父亲已是近八十岁的老人了。

如果说过去吴祖光是文化圈敬重的元老,那么在那场官司之后吴祖光差不多成了广大的普通人眼中公正、无私、正义的代名词。许多陌生人跑到家里来找父亲,诉说他们的不幸和遇到的不公,请求父母的帮助。

在我眼里,我父母和别人的父母丝毫没有两样。但是,他们平常的行为做事又确是经常与众不同,他们不为一般世俗常理所驱使,行事做人永远有自己的原则。他们之所以在各自的事业上得以成功,这种按照良心原则行事的作风是其厚重的基石。

母亲于1998年去世了,五年以后,父亲也随母亲而去。有关父母的一切都变成了过去。

人事沧桑,岁月流淌,对于他们的离去,我总感觉不那么真实,总是在屋子的各个角落巡视着搜寻着,想找到我所熟悉了一辈子的身影……

今年是父亲100周年和母亲90周年诞辰,我依然在心里等待着他们。

你爱我吗？

原创 2017-05-19 薛舒

他已经九十岁，他正走在全面失智的路上，大多时候，他不记得面前的女人是与他生活了几十年的爱人。忽而他又会想起什么，他会微笑，和眼前的人开玩笑：你很美哦！目光却并无焦点。她问他：你还好吗？你有什么不舒服吗？他满脸皱纹的老脸上一片漠然，然后，她按照惯常的次序问了第三个问题：你爱我吗？

他的目光终于指向她，而后，奇迹发生了，他嘴角的皱纹牵动起来，随即，枯叶般的双唇掀开：爱。

她喜不自胜，这是她的胜利，更是爱情的胜利。她认为，爱情，是一个能够刺激到他的问题，仿佛给枯竭的大脑打一剂强心针，亦如在一层仅仅淹没碗底的水里投入一粒苏打片，顿时,碗里泡沫四起,少得可怜的脑细胞被激活了。他依稀想起一些什么,于是,他行将就木的躯体以一个字的方式给她答复——爱。她是他生命中最重要的人,爱她,亦是他生命中最重要的内容,她确信。

写到这里,你们也许已经猜到,我说的正是最近发生在琼瑶家里的故事。不能叫故事,那只是一桩家事。七十九岁的老太太给了围观群众一个话题,被叫作"玛丽苏"的自恋人生,从少女时代至今日,她从未改变过。且不说对于"有尊严地死"还是"全身插满管子苟且而痛苦地活"的选择,网络上占比极大的漫骂声,却是针对那些被称为专属琼瑶的生命表达。

一个七十九岁的老太太,总是问她九十岁的老公"你爱我吗?"不矫情吗?太会作的女人,她以为她是十九岁少女吗……而我,在看到这些指责的声音时,却不由地心生一丝惺惺相惜的疼痛。

三年前,我的父亲也成了一个失智老人,他远比九十岁的平鑫涛年轻,他才七十五岁。他已经不认识他的老妻我的母亲,也不认识我这个女儿。每周我去浦东的医院看他一次,每每见到他,我总是会问:爸爸,你认识我吗?

他当然一无反应,我再问他:爸爸,我是女儿啊,你喜不喜欢我?

他听见了,看了看我,忽然张开缺牙的嘴大喊:喜——欢——

他的语言能力已经退化到不如一个牙牙学语的孩子,他拉长了声调,就两个字,却是挣扎着,咬牙切齿地说出来。是的,谁都知道他喜欢我、宠爱我,过去,他总是在同事抑或朋友面前把我作为吹嘘的资本。我把自己推到他面前,希望他生命中最爱的女儿能激活他的脑细胞。他果然没有让我失望,他艰难地回答:喜欢。母亲在旁边也欣慰地笑了,好像,这么一问就能证明,只要揿下这个心动按钮,我们随时都能唤醒他。

还记得他刚开始失智的时候,有一次去看父亲,他已经不认识我,可他的目光里充满了似曾相识的疑惑。我问他:爸爸,你认识我吗?那天,我穿了一件红色的衣服,他盯了我好一会儿,忽然说:认识,女儿,漂亮!

那以后,我尽可能在去看父亲的时候穿红色的衣服,并且,我总是会问那么几个问题:爸爸,你认识我吗?爸爸,你喜欢我吗?爸爸,我漂亮吗?

我是一个长相太过普通的女人,绝算不上漂亮,可我依然这么问父亲,因为我相信,在他心里,女儿一定是漂亮的。不曾陪护过失智亲人的朋友,未必能够理解,为什么我会那么在乎他说喜欢我,他说我漂亮。并不是要从一个失智老人那里获得认可,并不是为满足自己的虚荣心,亦不是听到有人说爱我多么重要。恰恰相反,因为我爱他,我想让他记起那些爱,倘若他偶尔能回答"爱",那就是我们又一次把他从远去的路上拉回了一小步。

所以,这就是为什么,我并不反感七十九岁的琼瑶每次去看九十岁的失智丈夫时,都要问一遍"你爱我吗?"即便她可能确有"玛丽苏"的自恋型人设倾向,但在失智者面前,我赞同每一个亲人都可以扮演一下"玛丽苏"。

我的老师钱谷融先生

原创 2017-05-21 杨扬

钱谷融先生,1919年9月28日生于江苏武进。今年是98岁。但很多人说,应该按虚岁算。这样一算,的确是99岁。照旧俗,男的过九不过十,这百岁庆贺的事应该是顺理成章了。从年初到现在,钱先生已经参加了好几次百岁庆贺了——

一、参加了好几次百岁庆贺

大年初一,许子东兄动议请钱先生吃饭,王晓明、王雪瑛、姚扣根,凡通知得到的先生的研究生,都到了。先生兴致很高,喝了不少茅台,晓明兄送他回去。我则送许子东师兄。路上他问起钱先生百岁庆贺的事,我说岁数要搞搞清楚。钱先生,1919年9月28日生于江苏武进。照我的算法今年是98岁。但很多人说,应该按虚岁算。这样一算,的确是99岁。照旧俗,男的过九不过十,这百岁庆贺的事应该是顺理成章了。我生怕有误,问东问西,特别是问了那些上世纪五十年代华师大毕业的老学生,原以为会有满意的答复,但回复是五花八门,让人云里雾里。最后还是系里的一位老师提醒我,当年徐中玉先生、施蛰存先生的百年祝寿,就是98岁做的。有此先例,一切事情就照章办理,华东师范大学中文系指定了分管领导和老师,专门负责此事。

从年初到今天,钱先生已经参加过好几次百岁庆贺了,有中文系77级毕业生组织的,有松江的一些朋友搞的,还有一些钱先生的老朋友发起的,反反复复差不多每月都要参加一次活动,说到底,大家是高兴,愿意有这么一个名头,欢聚在一起,表达对自己敬爱的老师的一份感情。钱先生也兴致很高,乐于参与,并愿意将前两年获得的上海市终身艺术成就奖的奖金拿出来,与学生和朋友分享。这种欢乐的气氛一直环绕在先生的周围。但四月下旬的一天早上,钱先生的小外孙给我电话,说是先生身体不舒服,进华山医院检查。我为此担忧,一个晚上没有睡好。

二、最年长的"朗读者"

第二天下午王雪瑛、王晓明不约而同地去医院看他。我想先生平时喜欢喝茶喝咖啡，就带了一罐好茶，在医院附近看到有现磨的咖啡，也买了一杯带上。进病房，先生坐在沙发上，看到我手上的咖啡，说这个好。同室病友的护工马上说，医生嘱咐过，少喝水。这让我有点犯难，但先生似乎不在乎这些，拿起了咖啡慢慢品尝，那份快乐，将我心头的愁云一扫而空，我相信先生的身体没什么事的，很快就会康复出院。从医院回来，接到中央电视台朗读者节目组的电话，想采访钱先生，并说他是目前最年长的朗读者，不知道健康条件是不是允许。我说没问题，只是这几天他在医院做检查。节目组说可以去医院拍，而且一定用心拍。至于朗读什么内容，节目组说他们有题库，可供挑选。后来节目组发来了几位作家的文章片断，在我的心目中，似乎还有更好的作品可以选择，最后定下来朗读鲁迅先生的《生命的路》。这段文字是鲁迅先生早年写的，显示了鲁迅对事业前途的看法，很有个性，我觉得与钱先生以往跟我谈论的作家作品的标准相契合，应该是他喜欢的文章。

后来几天，在翻阅王元化先生的文章时，看到王先生晚年也专门摘录过鲁迅《生命的路》中的有关段落，将它抄下来赠送朋友。钱先生、王先生性格不同，但却是关系密切的朋友，在治学和文学艺术问题上有不少相似的看法。如王先生曾对我说，做学问要用搏狮之力，全力对付，不可东做做西做做，分散精力。钱先生也教育我，人的精力总是有限度，写文章要用搏狮之力来对待。这不仅是他们的人生经验的总结，也是他们对文艺问题的共同看法。朗读者节目组关注每一个细节，如钱先生出镜的服装问题也考虑到了。我说选西装吧，他平时爱穿西装。但节目组希望先拍摄他穿病号服，再换西装，以显示他现在的生活状态。

五月一日早上九点拍摄，我提前赶到医院。华山医院非常配合，早已将病房打扫得干干净净。细心的宣传科两位工作人员还送来鲜花，一问才知道是华东师大的毕业生，尽管不是中文系的学生，但对钱先生仰慕已久。拍摄按部就班进行，一遍又一遍，一个角度又一个角度，其中有一个镜头是钱先生独自坐在床沿上，注视窗外。医护人员怕钱先生坐久了吃不消，但钱先生很有耐心地配合着节目组。病房拍完了，先生换了西装，戴了领带，去华山医院最古老的红楼拍摄朗读的场景。在那里，先生照节目组的要求，一遍又一遍地朗读鲁迅先生的《生命的路》。真是难以想象，一个百岁老人口齿是那么清楚，一遍一遍下来，拍了大概有半个多小时，朗读时每次都是那么清晰流畅，一点疙瘩都不打，这反映出他头脑敏捷，也显示他对鲁迅作品的熟悉。唯一让摄制组犯难的，是钱先生读完全文，会习惯性地抬起头，看看周围的亲人或工作人员，但节目组要他读完后，眼睛始终看着镜头。这是一种拍摄的规定动作。为此，钱先生突击练习，花费了不少时间，最后我觉得太消耗老人的精力了，忍不住对节目组说，差不多就行了吧。从早上九点拍摄一直到临近十二点，拍摄活动几乎没有停顿过。最后节目组说是不是到医院的草坪上拍一些镜头。

我理解节目组从拍摄角度来考虑,希望自己的镜头和节目能够完美呈现,但我担心长时间的拍摄,先生会不会感到劳累?当走出红楼,来到草坪时,浓浓的春意,从四面八方涌来,长时间拍摄带来的倦意一扫而光。先生就像往常在长风公园散步一样,缓缓地走在草坪上,时而抬头看看蓝天白云,时而呼吸带有樟树芬芳的清新空气,看得出他感到惬意。

钱先生是自然之子,他喜爱大自然。1990年我第一次随钱先生去杭州开会,有一天到西湖边上走走。原以为他会对古迹有兴趣,哪知道他对我说,还是找一个风景好一点的地方坐下来喝茶吧。后来在蒋庄靠西湖边的茶室坐下来,钱先生请我与师弟袁庆丰喝龙井茶。那天下午游人极少,整个湖面和茶室没有一点嘈杂声,显得极其幽静。我们师徒三人在这自然美景中,享受着山水之乐。可以说,这是很多次游杭州西湖中最让我难忘的一次,从中我体会到先生性格中那种不为外物所滞留、与天地共融的魏晋风度。

三、住院带上《世说新语笺注》

钱先生住院检查时,带去了一本《世说新语笺注》。这是他喜欢的书,也是他文学思想的重要渊源所在。我没有问过先生怎么会与《世说新语》关系这么深,但曾听他多次讲到过宗白华先生。宗先生与钱先生的老师伍叔傥是好友,他们一个在中文系,一个在哲学系,老师之间切磋交流,所谈论的思想内容一定给钱先生不小的影响。宗白华先生在多篇文章中推崇《世说新语》里的人物和文采,最为有名的,是《论〈世说新语〉和晋人的美》。宗先生在这里不是一般地欣赏《世说新语》的文采和人物气度,而是从审美理论的角度,强调晋人的精神追求和对中国传统审美的长久影响。换句话说,这是从审美精神结构角度来看待《世说新语》对中国人的精神生活的影响。由此想来,钱先生在文学理论上强调文学与人性之间的整体关系,反对工具理性,这与宗白华先生的审美理论之间,似乎有一种精神血脉的关联。

钱先生在他的随笔集《散淡人生》中,收录了一部分他在中央大学读书时的习作,并在序跋中说自己的思想受老师伍叔傥先生的影响最大。这些早年的文章,有不少地方,援引了《世说新语》中的材料,以此寄托钱先生自己的人生理想和精神向往。可以想见钱先生的精神气质与他大学老师们言传身教之间的关系。记得师母杨霞华教授,曾不止一次地跟我说,钱谷融啊,受他大学时期的老师伍叔傥先生的影响最大,伍先生喜欢带他这个得意门生上馆子。有关伍叔傥先生的文字记录,我曾在俞平伯先生的早年日记,朱东润先生的回忆录以及舒芜先生的回忆文章中见过,他与傅斯年、俞平伯是北大同学,四十年代曾担任中央大学中文系主任。1949年后,离开大陆,后来病逝台湾。有一年我陪先生去澳门,他的学兄专门从香港过来看他。刚一坐定,先生就急切打听伍先生晚年的情况。当听说伍先生不是被政治迫害致死时,我看到钱先生脸上有一种释然的轻松表情,似乎自己最敬爱的老师能够安度晚年,做学生的他内心有一种巨大的宽慰。

四、愿岁月更长久

钱先生住院两周后,出院回家了。其间我因为重感冒,不敢去医院看望,但每天还是从老师、朋友的电话里知道他的情况。那天出院,天下小雨,他的外孙李其扬将他接回家。知道钱先生出院,我第一时间在师友微信群里报告好消息,一是免得大家牵挂,二是怕大家去医院白跑了。下午,我接到先生家保姆晓红打来的电话,说是钱先生怕我去医院白跑一趟,特意关照她快点告诉我他出院了。放下电话,我静静地坐在午后的客厅里,望着窗外很久,内心有一种负疚感,惭愧在老师住院检查期间,自己没有从头到尾尽到力,但另一方面也为钱先生能够安然出院感到高兴,心里暗暗为他祝福。没过几天,李其扬发给我微信,说是《朗读者》将在周六播出钱先生朗读的节目。这是周末的夜晚,我送女儿去辅导班学数学,然后急急忙忙赶回家,坐在电视前看央视 20 点播出的朗读者。这是我第一次看这档节目,直到最后,见到了钱先生朗读的画面,听到他熟悉的声音。但那天的朗读者节目的重点是在冯小刚、余秀华、老狼的表演,而钱先生、马识途、余光中、冯骥才的朗读只是几秒钟的镜头。王纪人老师发来微信说,这是今年的第一季,明年还会有的,那时会有专门的一集,集中体现老年人的阅读和朗诵。我想想也对,如果仅仅是几秒钟的镜头,摄制组何必兴师动众,拍摄这么长时间呢?第二天,澎湃新闻有朗读者节目中最年长的朗读者的报道,介绍了钱先生朗读鲁迅作品的消息,并配有四张照片。照片非常精彩,钱先生的学者风采完全呈现出来。一些先生以前的学生发来微信,说是看到照片了,内心感到有一股力量。的确,我也有这样的同感。在自己熟悉的声音与画面中,我看到了老师一辈子的努力和坚守,感受到文学和艺术的不朽力量。我想我能够跟随这样的老师学习,是我的幸福,从事这样的教育职业,是我的荣幸。

愿这样的岁月长久,更长久一些吧。

岁月

(原创) 2017-05-22 梅子涵

我专门走到体育场来看看。很久没有到这儿来了。这是小时候常来的地方,那时中国到处都打乒乓球,都说容国团、庄则栋,下课的时候,我们在课桌上打,铅笔盒放在当中当拦网,下午有时到体育场打。两毛钱打一个小时,四个同学来,一个人出五分钱,如果打两个小时,每个人出一毛钱。那时候五分钱一毛钱都很值钱,所以有五分钱一毛钱的小孩很少。

到了初中,我的项目是短跑,当了田径队队长,来这里参加区运动会。那时真是年纪小,只会兴奋,不胆怯,看着跑道这一头那一头,昂然觉得它是属于我的。穿上钉鞋、短裤背心做着准备活动,初赛、决赛,初二的时候就得了初中组第一名。

然后就有了接受少体校教练训练的机会,每个星期来一次,我们学校就来了我,十来个短跑小孩,教练姓牛,很专业的风度,我们在他的权威感里服从得鸦雀无声,像一群呆头呆脑可是明明又那么机灵的活木偶,那个年代我们这些小孩、少年啊,闷着头也闷着心思,浑身弹力四射,但是我们却连话都不敢和他说。那是不需要说话的下午,那是真正的闷头闷脑的少年体育时间,那是好极了的感觉哦!练得最多的是跑看台的台阶,也可能记得最牢的是那样地跑台阶,从下到上,从上到下,飞速跑上去,飞速跑下来,那真是飞速!有一个好看的女孩,经常在我右面,非常轻捷,在跑道上时,我从不看女子比赛,而在这台阶上的飞速里,才看到优秀的女孩子运动员拼力时竟也那么豪气,却又是溢满均衡和柔美,手脚间都有舞蹈。

我们跟着牛教练训练了两个学期。那是全神贯注、默不作声的两个学期,来了就练,结束就走,彼此都不说话。我和女生当然更不可能说话。那时候,男生女生说话,是有点庄重的,在我的那个年纪,在我从小的教育里,尤其那时的我,害羞几乎是性格里最主要的成分。我们都只是跑啊跑,我们大概都只知道要听牛教练的话,我们大概都只想能够在跑道的终点第一个冲线,线是红的。

每次训练结束都快黄昏。走在路上,我完全不觉疲沓,而是好像更有弹力。十几岁的好年龄好岁月好身体!但是肚子很饿。我在公园对面的饮食店买一碗阳春面一个烧饼,一共一毛一分钱。有时是在食品店买一个面包,一毛钱。钱是刚才牛教练发给我们的,每次训练结束,牛教练都发给我们两毛钱,在那个钱很少的年代,我们这些小孩们竟然也有津贴!第一次发时,我开心得惊异!那不是牛教练私人给我们的,但我只要想起,心里的句子都是:"牛教练发给我们两毛钱。"那几乎也是我对钱最精贵的记忆!

我早不住在这个区了,妈妈还住在这里。去妈妈家是完全不经过这一条路的,所以很久没有来过。今天我特意走过来,我对妈妈说:"我去体育场。"妈妈知道我在那儿的少年日月,她阅读过很多长篇小说,非常懂我心里的许多静止和动态,欣赏得了我记忆里的黄金和白银。

体育场的大门关着。它当然早不是以前的样子,四周的一切都不是以前的样子。这个飞速年代,一切以前的样子都很难看见,长大的每一个人也都没有了以前在路上走着的弹力,所以才把最普通的光阴故事看成黄金和白银。

体育场对面有个蛮有模样的咖啡馆,我想坐在那儿喝杯咖啡,看着体育场,心里一定会有很弥漫的感觉。这不是一个热闹地段,只有靠窗的桌前坐着一个老人,蛮老了,背略弓,面前放着一杯咖啡。我很少看见很老的人喝咖啡,我母亲也不喝了,虽然她还是那么喜欢它的香味道,虽然她依旧用百雀灵,她说喝了睡不着觉,不喝都睡不着。

我很想坐在老人的对面,"我坐在这儿可以吧?"

"你坐你坐,不客气的。"

"你喝咖啡睡得着觉吗?"

"我难得喝,香味道蛮喜欢,我老早在这里踢过足球,是工人队的,睡不着不怕的,不喝也睡不大着。"他指指体育场。

"你多大年纪了?"

"89了,我走过来要两站路,我不乘车子。"

"那你走路要当心。"

"我老早踢工人队,在这里比赛,我脚劲好。"他这么说的时候有一种很使劲的顶真,弯着的腰也很使劲地直了直。

我没有说我小时候在这里打乒乓球,参加运动会。他很沉浸在他的黄金白银里,我听他的沉浸。他说,那时候,足球比赛,看台上没有多少人看,不像现在,人山人海。

我听的时候突然想,如果坐在对面的是牛教练,我对他说那时的跑台阶,那时的两毛钱,他会不会有些记忆,他能记得住我的一点点样子吗,我又能把他以前的样子现在的样子连在一起吗?我想着根本不可能的情景,我离开的时候,老先生还坐着,我对老先生说:"钱我付掉了,你不要付了,我请你喝咖啡!"

他说:"你太客气了,谢谢,谢谢。"

"你姓啥,老先生?"如果他说他姓牛那就好玩了。

他竟然说:"姓牛,就是一头牛的牛。我老早踢球的时候,大家不喊我名字的,都喊我老牛。"

我不是在写小说,它是真的。岁月有时就很小说,所以有很多黄金白银。

将来的你

原创 2017-05-22 张怡微

一个月前我受邀去一所中学演讲,谈谈读书写作。这样的活动早几年我经常兴致勃勃地参加,面对中学生,就仿佛面对曾经的自己,与其说是分享文学经验,不如说是聊聊天。那天走进礼堂之前,我看到某个教室的墙上挂着一幅字,写着"将来的你一定会感激现在奋斗的你",不期然就想到了木心的名言:"从前的那个我,如果来找现在的我,会得到很好的款待。"听起来很抒情,但这句话的前一句话是,"我追索人心的深度,却看到了人心的浅薄。"这句话的后一句话是,"岁月不饶人,我亦未曾饶过岁月",写得很锐利。

我离开中学十年,没有什么复杂的感慨,只是每次看到老师和同学期待的目光,会紧张到不知道该说什么。演讲有时也是一种训练的产物,讲的次数多了,自然就形成了经验。每一部作品都像一个人一样,是一个有机的生命体,每个时期去了解它,都能看到不同的风貌,我们随经典作品中的经典人物一起成长……这样的话,我可以说不少。

有次我问身边的朋友,"我们为什么要读经典",她想了想说,"大概是为了别人说起的时候,可以聊一聊,这书我小时候看过的,虽然现在记不得内容了哈哈哈。"一个有趣的真相是,如果不从事研究工作,许多人大学毕业以后就很少有时间看书了。日常生活是多么繁重,有生活压力、经济压力、伦理压力,有人在朋友圈放一杯清茶一本书,都会惹来羡慕。但他们羡慕的不是看书本身,而是闲暇。

真相或许是,许多人一生的阅读量在中学时期已经全部完成了,而中学时期的阅读量,大部分又是在考卷上的阅读分析中完成的。当手机新闻、公众号鸡汤及电影字幕成为一个繁忙上班族一天足够的阅读量,似乎也完全不影响他们的生活。那么,人为什么还要读书?我想到两个理由。

一方面,如果不幸长寿的话,外部活动一定是经由衰老而不断削弱的。视力、听力、活动能力下降之后,人每天打发时间的艰巨任务,就和流浪动物一样艰辛。外部世界的诱惑依然很多,但老人的参与度严重受限了。这种时候,内心的力量一定是凸显的。最简单的表现,就是无论有没有读过书的老人,都会不断总结自己,觉得自己很厉害。年轻时候的外部生活所依赖的朋友、集体,比方打牌、聊天、唱歌、旅行,其实都不是个人活动。而衰老的严酷性就在于,它是不断被剥夺外部生活参与权利的过程。我们看到,有的人不能走了,有的人看不见了,有的人听不见了,这种时候,就只能大量消耗内心生活一直到死,在这个过程中,年轻时候的知识储备和务虚经验可能开始逐渐发挥作用。通俗一点说,就是怎么和自己相处这件事变成了日常生活除了三餐一宿之外的头等大事。但如果没有活着到老,年轻时读到的书好像也难发挥什么太大的实用功能。

另一方面,我小时候一直听说"书是人类进步的阶梯",这话对也不对,从获取知识的方面来说是对的,但有时又难免令人产生怀疑。譬如在我的经验里,书恰恰是人在无法进步的时候、迷惘的时候,很不开心的时候、很不顺心的时候,倒退步伐可以踩住的阶梯。在这方面,音乐、美术、文学都是一样的,进步不了的时候……刚好可以找地方躲一躲,转移注意力,不必再时时、处处与冲突、煎熬正面交锋。

"将来的你一定会感激现在奋斗的你",幼升小的激烈竞争把类似的进步强制赠送给了年幼的孩童。听说现在在幼儿园里,都会发生小朋友得知别人竞赛拿了奖,将获奖者带到学校种植的小植物连根拔起这样的事……这些孩子个个都会弹琴、画画、跳舞,多才多艺又会用外语表达自己的想法,但真正与生活有关、与人的情感有关的那些教育,又似乎是不存在的。

后来那场演讲,我讲得算是蛮失败的。老师跟我说,小朋友也许听不懂你在说什么,你其实应该跟他们讲讲怎么样写竞赛作文可以得分……但"将来的你"会在意这件事吗?

董桥书房剪影

原创 2017-05-24 叶国威

《读书人家——董桥书房剪影》,英译为 A Sentimental Journey Tung Chiao and his Study,董太太说这是董桥自己译的。苏富比拍卖公司出了精装、平装两式,精装 120 本编号本,后 20 本归作者。其中 001 号、100 号、088 号、099 号,在孔夫子网拍,结标时,第一号卖了 10 500 元人民币,这是天价,这是董桥现象。而平装本印 1 000 部,张超群先生告诉我,他们不是书商,书卖完了,就卖完了,不再加印。我心里想着,董粉何止千百计,这不就是奇货?难怪精装 100 本,在开幕后三小时就卖光了。

书房剪影展分了四个厅,"清白家风"有董先生的书画收藏,有前辈的馈赠,散发的都是旧日清香。而其中不管是溥心畚的美人黑犬、观音,弘一法师的朱砂南无阿弥陀佛,对我来说一点都不陌生,如对故人,因为这些董先生都珍爱得很,长年悬挂在旧时月色楼中。而在苏富比布展时,卓敏曾向董先生表示,希望能把台静农送给庄严生日的梅花放到展场。董先生一时想不起也找不着,便简讯问我知否放在哪儿。我回说:"前些年您送了给张桉。"先生才猛然想起。我依稀记得董先生说过,东西要给对的人、懂的人。是的,余英时先生不也将他老师钱穆先生写给他的一幅书法转送给了董先生么!这都是老派流风。

而"字里相逢"是剪烛西窗,是依依旧梦。我观察过看展览的人都常在玻璃柜前驻足良久,品读徐訏、杨绛、白先勇、林文月等人写给董先生的每一行典丽。

去年我为董先生整理书房时,他那些鸿雁尺素,我看了不少,有几通印象特别深刻,比如陈之藩记胡适:"胡先生的绝大与人不同处,是他看见朋友有一点可取,他就快乐。以为是他的成就。"想见的是这位文学巨人的胸怀;吴鲁芹夫人吴葆珠说:"鲁芹离开人世,匆忽廿余年,犹忆他每每收到您来信时那份喜悦,一次您寄他一张照片,他高兴得叫我'快来看小董的照片',言犹在耳。"

寥寥数语,忆旧怀人,教人点滴心头;杨绛信里说:"《小风景》栏里的大文已拜读,深羡你在英国八年读书之乐,也深深佩服你的博学多识,无书不读,连《老圃遗文》都看到了。"康河的水光依样粼涟,可惜杨先生已不在了,而大开本的《小风景》

也早成了董迷梦寐以求的一部缥缃。

"绝色"这厢放的是西洋精装典籍和藏书票,这些我大多都在董先生家里看过、摩挲过。特别是宝石孔雀装奥玛·开俨的《鲁拜集》、米切尔的《飘》、弗莱明的《007小说》初版第一册,当自海外寄到旧时月色楼时,我刚好都在。见董先生那种获至宝而又急切待拆封的神情,如今印象犹新。董先生说:"《007小说》十四册中,以前四部最金贵,其中又以第一部有签名为稀珍。内里有题识的更似凤毛。西洋老书还讲护封完好,内里标价不能不在,一旦标价被剪掉,身价就会掉一大截。"

有时董先生会把一些重要书籍,以透明胶布裁成书的大小,仔细地把书包好,说这样可以保护封面和书衣,是自小养成的习惯。去年2月初,董先生自英国旧书店邮购了一部Daphne Du Maurier的初版短篇小说The Apple Tree A Short Novel And Some Stories来重温,27号书到了,董先生还以这本书示范教我如何把书包得漂亮。

展览的开幕酒会,仙姐出席了,她分别与董先生和夫人作了拥抱,董先生说:"淑良,你来啦!谢谢。"淑良是白雪仙的本名,她一直只许董先生叫她淑良,说这才亲切,才不见外。善之兄陪着仙姐亦步亦趋,特别在最后一厢"这一代的事"里,绕着董先生的手稿仔细地品读。董太太见仙姐已看了半小时的展览,怕她累着,请她先稍作休息,仙姐不依,还示意善之兄继续领她去看董先生的书法。董先生现场71件书法作品,仙姐都一一细看,礼堂对我说:"这位老太太真令人佩服,看得比谁都认真。""是啊!仙姐今年九十了,这真叫人感动。"我说。

董先生的字我从来就喜欢,文人气韵,读书人家。所以我也请了一纸清芬回家供养,"无言独上西楼,月如钩……"李后主填《相见欢》。

伴我成长的淮海路

原创 2017-06-11 秦文君

算起来，淮海路最早开通于1901年，有100多年的历史，在众人的眼睛里，它是上海最繁华的马路，和南京路齐名，而在我的心里，这条路曾给我无数教化和灵感，是伴随我成长的，最割舍不下的地方。

三岁时，我家搬到淮海中路附近的南昌路，一口气住了30年。五六十年代，日子清贫，但淮海路始终是全上海公认的最摩登，最有"腔调"的，是枯燥生活无法掩埋的时尚之源，总会有一种华丽生活的痕迹，一些好看的有设计感的橱窗，好比不收门票的上海风情展示会。

8岁之前，我对近在咫尺的淮海路有点漠然，心思顾不到宏大的地方。那个年代大都是多子女家庭，放羊式的管教，我四五岁就能跟着七八岁的伙伴出门作随心的游玩,那时候小孩醉心于花草,鱼虫,我心系复兴公园,那里一度成为我捉强盗,扮演花木兰,施展想象的乐园。

第一次被淮海路吸引,是八岁和小伙伴玩抓人游戏,误入淮国旧,当时这家旧货商店闻名于世。店堂长,通到后面的长乐路。我进去后迷路了,像是进了阿里巴巴的宝库。寄售大厅里的旧衣服,银首饰,北方大漠的皮草,雕花的船形的红木大床,有异国情调的玩具,各种稀奇的玩意让我目不暇接,感觉摆放着的好东西代表着全世界,都在向我招手。

我学会去找各家商店的奇妙,淮海路上的培丽虽说是卖酱菜,咸肉,霉夫等南北货,但能看到不同地方的生活。有一种叫春不老的吃食,名称令人心动,流连忘返,吃了才知是苏州出的萝卜干,混有菜叶干和一点芝麻。还有一种奇怪的糟蛋,我攒钱去买,吃了后双脚跳。童年最爱那里自产的酱辣椒,百吃不厌,绿色辣椒经过腌制后,疲软了,辣味不强劲,演化成柔和微妙的香味。那时最奢侈的早餐是一根油条,两只酱辣椒,一碗泡饭,齿间留香,堪称绝配。

也喜欢去淮海路上的老胡开文买文具,店里的文房四宝让我向往气派和有文化神韵的生活。走回来时,会在青鸟照相店看橱窗里漂亮姐姐的样照。我在青鸟拍过10周岁生日的小方照,11周岁时拍的是中规中矩的带花边的照片,摄影师拿个皮球逗我笑,然后钻在黑布里,咔嚓一下按下快门。12周岁生日的那年,有追时尚的模糊感觉,精心学灿烂的样照,往成熟方向打扮,拍了流行一时的咪咪照,照片超小,面目难辨,连母亲都不信照片里扭捏作态的人是我。

淮海电影院我爱去,尽管放映的电影受时代局限,仿佛战争题材的居多:小兵张嘎、平原游击队、地道战、野火春风斗古城。

中学就近入学,学校就在淮海路上,上午上学,放学,中午回家吃饭,下午又上学,放学,一天在淮海路上走四遍。学校斜对面就是长春食品店,口袋里拿得出钱,就会买几只拷边橄榄,或一小包苔条梗,橘红糕,长身体的时候,吃下美味,脑海里会出现兴奋和快乐的幻影。

往前走几步,淮海电影院对面有一家做生煎的饮食店,叫春江饮食店,生煎馒头没得话讲,牛肉汤一只鼎,蘸生煎的醋也特别好,后来我走了那么多地方,尝无数美味,那独特滋味却没有被替代。

淮海电影院隔壁的饮食店,柜台上摆着外卖的赤豆糕。赤豆糕是方形的,软糯,点缀着晶莹剔透的即化的猪油,堂吃的春卷脆脆的,菜肉大馄饨,青菜碧绿,皮子筋道。每次去吃,都保持同一水准,这让人肃然起敬。

我还喜欢高高的法国梧桐,喜欢附近幽静的思南路、复兴路、皋兰路等静雅之处,还有淮海路上贯通着各种各样的弄堂,在里面穿来穿去,发现住这里的人和颜悦色的多,沪语温和,安详,感觉他们即使没有历经沧桑,也是见识过大场面的明白人。

淮海路上的人流是快乐的,据说一些有心事的人,会绕路而行,仿佛淮海路的气氛是隆重而热闹的。我的记忆里有当年淮海路上的店员形象,在高大上的马路上,他们给顾客面子,除了关系和好,易于做成生意,还有对淮海路的自豪,见过大市面的宽容。

我成家后,一度搬离若干年,后来又在淮海西路住下,如今的淮海路和我记忆中金光闪闪的淮海路大为不同了,但始终不改的是,对于我似有难言的魔力,承载着记忆和爱。

今夜燕归来——又见王丹凤

(原创) 2017-06-18 梁波罗

6月17日,在第20届上海国际电影节开幕式的舞台上,见到阔别观众20余载的王丹凤,她是坐着轮椅来领取组委会颁发给她的"华语电影终身成就奖"的。她一袭灰色裙装优雅亮相,虽满头银丝,仍以耄耋风韵惊艳全场。她的获奖感言更是言简意赅,感谢之余,祝愿中国电影事业越来越好。对于一个从影40余年、奉献了纵贯古今50多个银幕形象、曾让电影之花绽放于浦江和香江的表演艺术家而言,获此殊荣可谓实至名归,她的现身却带给观众意外的惊喜。

对王丹凤的印象始于1947年《青青河边草》中的蓝菁——善良多情,温润如玉,娇美如花。从此,她小家碧玉的婉约形象就根植于脑海。之后陆续看过她参演的《珠光宝气》《方帽子》《家》《海魂》《护士日记》《女理发师》等,成为她的拥趸。

承命运眷顾,1959年从上海戏剧学院表演系毕业后,我被分配到上海海燕电影制片厂。当年,虽是"海燕""天马""江南"三足鼎立,但演员同属一个大组,有重要会议时总会齐聚一堂,热闹非凡。作为一个影坛新人,我时常会对那些驰骋影坛的宿将们逐一端详,欣喜于如今竟成同事、师生……丹凤老师平素不善辞令,发言特别简短,印象中她总是提前抵达,安静斯文地端坐一隅。她崇尚美、追求美,即使在物资匮乏的困难时期,每逢隆冬,也总会变幻不同色泽鲜艳的绒线假领,点缀非蓝即黑的沉闷冬装,令人眼前一亮,平添几分妩媚和春色。别看她光鲜亮丽,骨子里却很保守和传统,为人处事循规蹈矩,十分低调、谦逊。

进厂不久,赶上狂热年代,演员组顺应潮流,隔三差五地分批下厂慰问,鼓舞士气,除了集体朗诵外,我还有幸和丹凤老师一起演唱过沪剧。随着接触的频繁,彼此逐渐熟悉起来,遗憾始终无缘在同一个摄制组共事。

记得上世纪七十年代,身为民盟中央委员的丹凤老师,成为我入盟的介绍人。经她引荐认识了不少医务界、科技界、文化界的盟友精英,大大开拓了我的视野。丹凤老师自1980年拍完《玉色蝴蝶》后宣告息影,将更多精力投身社会工作,她的亲和力及广阔的人脉关系,使她在参政议政方面干得有声有色,俨然是一名出色的社会活动家。此外,她还致力于香港与内地的艺术交流活动,成为促进友好往来的文化使者。

2008年拙著《艺海拾贝》出版,书中收录了1985年我与她共同主持民盟联谊活动的照片,欲赠她留作纪念,不料那年她不慎摔了一跤,在家静养,我遂携书去探望她。许久不见,见她消瘦许多,但精神矍铄,十分健谈。因行动不便,深居简出,不过她说,即使不骨折,近年也是居家为主,很少应酬。自上世纪八十年代后期开始,她只接受电话,谢绝拍照及摄影采访。对她的坚持,我是理解、尊重的,毕竟韶华已逝,给观众留下美好形象不失为明智的选择,但对喜爱她的观众来说,却留下了绵长的牵挂。问她是否会寂寞,她泰然地摇摇头说:"闲时就追韩剧,最喜欢裴勇俊……"惜乎那天柳和清先生不在未能谋面。

众所周知,影坛伉俪能坚守60年"钻石婚"的原本不多,王丹凤、柳和清可谓旷世奇缘,琴瑟和谐、相敬如宾。两人婚后皆与绯闻绝缘,无论顺境逆境,柳先生始终默默地作为她的坚实后盾,为她"遮风挡雨",呵护有加。犹记2015年,还曾与和清先生在"克勒门文化沙龙"活动中,聆听这位昔日"国泰影业公司"少东家笑侃旧上海电影业界和影院,幽默诙谐,出口成章,我们互为邻座,相聚甚欢;不料2016年早春,柳君驾鹤西去,对丹凤老师不啻是沉重的打击。

2017年6月1日,对我来说是个不平凡的儿童节。那天我在好友刘韧陪同下,在医院见到了素面朝天的丹凤老师。令人讶异的是,穿着病号服的她居然鹤发童颜、神清气爽,镜片后一双熟悉的大眼睛炯炯有神……莫非"逆生长"果真存在？真的"返老还童"了？她女儿柳芯告诉我们,除了耳朵重听之外,对于一位93岁的长者而言,一切堪称完美!

当谈及昔日与她情如姐妹的陈云裳、李丽华、胡枫、夏梦皆先后辞世,惊愕之余,她悠悠然自我调侃道:"她们都走啦?就我赖着不走,赖着不走!"喃喃重复后又朗声笑了起来,看来她已从劳燕分飞的阴霾中走了出来。当我们赞叹"小燕子"不老时,她摇首自嘲道"老燕子喽"!她悄声告诉我,由于摔过几跤,很少活动,长胖了。为了参加这次金爵盛典,她要女儿全家从芝加哥飞过来,让孩子们也回来感受一下中国唯一的国际A类电影节。柳芯插话道,孩子从小在美国受教育,所以这次要他们回来感受一下上海国际电影节,让孙辈了解一下外婆昔日的辉煌!

瞧她满脸兴奋,我不由暗忖:是什么令坚持不见观众的她"食言"?生活的沉淀也许是彻悟的最佳注脚;其实,此刻万千揣测皆属徒劳,单凭她冲破自我的勇气,就值得大大地点赞,笑面人生才是大家乐意与她分享的!

是天意,也是巧合。今年恰逢香港回归20周年,上海国际电影节举办第20届,在这双喜临门的喜庆时刻,王丹凤重新出现,令全球华人观众喜出望外,不失为本届国际电影节一大亮点;何况今年正赶上她主演的影片《护士日记》首映60周年,故此,当"小燕子,穿花衣,年年春天来这里"的歌声再度响起,宛若时光倒流,令人无限感慨。正是:花间闻燕语,春色遍芳菲,暌违廿余载,今夜燕归来。

送咖啡的快递女孩

(原创) 2017-06-21 张国立

有个朋友是大老板,每隔一两个月总找我吃饭喝酒,最常听到的抱怨是工作的无聊。他说得花不少时间安抚同事的情绪,免得被其他公司挖走;得花更多时间与客户应酬,免得生意被抢走;即使打高尔夫,必须清晨四点半起床,配合其他的球友,其实他更爱的是睡觉,但当企业家,怎能以睡觉为嗜好?

他公司有个女孩,据说从没看过飞机起降,因为一登机即睡着。中午休息也睡得一脸幸福的表情,令他羡慕。

记得年轻时一个长辈对他说:要睡,以后有的是时间睡,年轻就得打拼。如今他去探望那位长辈,听到的抱怨是如今有的是时间睡,却睡不着,安眠药也没用。

另一个朋友是网球教练,十七岁即成名,后来虽未在国际大赛中出头,但仍以教网球为生。我一时之间控制不住:"都教漂亮熟女打球喔? 她们穿短裙还是迷你短裤?"他瞄我一眼叹叹气:"下雨时候没收入,不下雨又得忍受日晒,和女学生靠近一点,担心她老公是黑道大哥;和女学生保持距离,被投诉教导态度懒散。"

大宝是旅行团的领队,成天带着团员跑欧洲,佛罗伦萨走过五十遍,卢浮宫的每幅画如数家珍,带客人进名店买名牌包还有回扣,他的梦想却是找个有温泉的地方好好躺上几天,看看书、散散步,什么事也不做。

那不简单,去日本比欧洲近多了。他用看火星人的眼神把我从头瞄到尾,讲出人生伟大的道理:"你不晓得一旦把石头推到山顶,就得跟西西弗斯一样,天天推同一颗大石头?"

不推呢?

"石头滚下来砸死你这个懒虫。"

既然如此,不去日本温泉,在家看书泡澡如何?

"你还是不明白,在家里有家里的事。"

大宝真是个难伺候的人。

恰好门铃响,送快递的,穿卡其色衣服的小妹妹,她利落地将纸盒交给我并且说:"请在这里签名。纸盒里装的是咖啡对不对? 我最喜欢送这种货,好香。"

当场我真想请她留下电话、住址,该找时间为她写本回忆录,因为她是我认识的人当中,少数对工作满足且带着享受的人。

台南的牛肉汤有名,用鲜肉,蔡老板每天一早去牛市批回刚杀的牛肉,整理、炖煮,六点起店外便排了闻香上门的客人,卖到十点结束。

我好奇地问他,既然生意好,为什么不卖到下午,利润加倍。他居然也用看火星人的眼神瞄我并这么回答:"牛肉卖完了,怎么卖到下午?"

哎,蔡老板脑筋直得没半点疙瘩,我开释他:"多买点牛肉呀?"

他伸着懒腰摇头:"不行,多买牛肉就得多卖牛肉,就得卖到下午了。"

最勤奋的人是兔子,开酒吧,晚上七点开张,忙到半夜三点,中间几乎没有坐下来休息的时间。我当然了解他的辛苦,我说:卖酒太辛苦。他拍拍我肩膀:"猜猜卖酒最辛苦的是哪部分?"

我哪知道,我是酒客,只负责喝酒聊天!

"最辛苦的是对酒一点感觉也没。"

原来兔子工作时喝两口酒是和客人间的应酬,十多年下来,丧失对酒的热情,如今他最期待的是每天上工前兜到痞子开的茶店喝两杯乌龙。

许多人因兴趣而工作,却因工作而失去原本的兴趣。比较起来卖牛肉的蔡老板能一辈子卖牛肉,兔子能否一辈子卖酒则颇成问题。

我对兔子说,过度卖力工作迟早倦怠,何不少赚点钱,换点时间给自己？他依然用看火星人的眼角把我扫来扫去："你付我儿子的学费？"

兔子有慧根，他把酒吧不使用的白天租给茱丽亚卖咖啡，一举数得：多了房租收入、每星期可以多休一天的假、上班前不必喝痞子的乌龙改喝不要钱的茱丽亚咖啡、茱丽亚又赏心悦目——茱丽亚的鼻翼、耳翼都穿了环，而且一年四季都穿细肩带的丝质无袖上衣，的确让人充满其他环穿在何处的遐想。从此以后兔子过着快乐幸福的日子，连没空睡觉的老板、下雨天教不了球的网球教练、想温泉想到疯的大宝都来兔子酒吧……喝咖啡。

不幸的，兔子老婆对茱丽亚颇有意见，规定兔子准七点上班，要喝咖啡在家里喝，而且收房租之类的事全由兔婆接手。为此兔子说了一句人生真理："人生不可能事事如意顺心。"

听得出一定有下一句。果然有下一句："挤出一点点的快乐就值得了。"

他都在六点五十分上班和茱丽亚交接，硬是给自己挤出了十分钟。

每回听到门铃，见到两阶两阶跳上来的快递女孩，我分享到快乐，她又这么说："今天真好，又送香喷喷的咖啡。"

洗脑

原创 2017-06-22 徐慧芬

她慢吞吞上了楼,刚开门,背后有人拍了她一下,惊回头,一个中年男子叫了一声妈。

咦,稀客呀,今天怎么有空来?她问儿子。

礼拜天来看看你呀,陪老妈聊聊。

哎哟,不敢当不敢当。

听老娘说话的口气不对劲,坐定下来,他想着今天来的任务,该怎样费点口舌把老娘的脑子洗明白。

未及开篇,传来敲门声,进来一个小伙子。

小张来了,小张来了!老太忙起身招呼,小伙子熟门熟路搬张凳子进了卫生间,拿手上的新灯泡,把一只坏灯泡换了下来。出门时望了望男子说,奶奶有客人啊,老太顺着说,是呀,难得来的。

小伙子走后,他开说了。

这个人,刚才我看到他在门口那店里手舞足蹈,领着你们一群老头老太又是拍手又是唱,后来又开了电视介绍什么东西,说得花好稻好,噱你们买。

你跟踪我?老太瞪大眼睛。

别人不告诉我,我还不晓得老妈现在这样忙呢!

我哪有你忙?你们一家三口全世界兜风白相,不要太忙!

男人明白了,这次在普吉岛碰到老邻居阿毛娘老少三代同游,那老太哪会不说?于是对老娘说,你不是脚不好吗,你脚好,我也会带你去的。

老太鼻子里哼了一声,男人忙转换话题。

我看门口那家店是骗人的黑店……

那叫"快乐之家",她纠正他。

什么快乐之家!男人冷笑:全是掏你们这些没文化的老人钱袋子的,那个小张,一定让你买了他们不少东西吧?

那倒是的,我在他手里买了不少。老太承认。

一听这话,男人开始巡视四周:老旧公房,屋内所有物件也都符合"陈旧"两字,一帧老人遗像,也是旧的。只是厨房水池边一只净水器,新的。房间里一台空气净化器,新的。还有五斗橱上,堆了些花花绿绿的保健品,很扎眼。

男人一样样仔细看了看,叹了口气:这些骗子骗起老人来眼睛也不眨的!

这些东西能吃能用,哪能好说人家骗我呢!

这你就不懂了,你儿子我就是搞销售的,这些东西成本极低,中间的利润就是你们口袋里骗出来的。

那你做销售也是在骗别人吧？她问。

我们是大公司,他们是什么东西？总而言之,这些人是靠不住的。你前前后后在他们那里一共花掉多少钱？他追问。

大概两万左右吧。她说。

一听两万,他放大嗓门跳了起来：你一年养老金有多少？被他们一下子骗去这么多,再这样下去,你将来养老生病住院怎么办？

我现在已经在养老了,我又没用你的钱,你跳什么？她也光火了。

好吧,老妈,我好好跟你说,儿子不会给你当上的,这种地方你不要去,去了就被洗脑,耳朵根一软钱就骗光了。

但老人在那里很开心的,他们带大家说说笑笑唱唱,我们有了难处他们也肯帮忙。

他们是醉翁之意不在酒,哄你们开心,搞点小恩小惠,目的就是把你们的钱骗光。

实话跟你说,骗掉点钱我也是情愿的。

老妈,你这是什么意思？

你不懂吗？我倒是希望你这个儿子也常常来哄哄我,让我开心开心,少点寂寞,你做得到吗？我一年能见你几次？平时电话也不打一个,我有点事都是请外面人帮忙的!

再说啥叫骗？人家陪你聊天,哄你开心,也需要花心血花时间的,现在不是还有出钱让人家来陪聊的吗？人开心了就少生病,就长寿,人活得长,养老金就多拿,这样一算也不吃亏,你懂吗？

老太给儿子洗脑,越说越多,儿子渐渐招架不住,落荒而逃。

看儿子出门下了楼,她拉开窗门朝外看,他钻进了小车,引擎一动,朝外开去。她目送,直到车子变成一个小黑点,才回转身对着老伴的遗像,哭了起来。

余秀华：成名这两年

原创 2017-06-22 孙佳音

在成名两年之后，女诗人余秀华再次走进公众视野，被灯光和掌声追逐。

作为本届上海国际电影节金爵奖纪录片单元唯一入围的中国影片，已经在海外斩获大小奖项的纪录片《摇摇晃晃的人间》本周举行了亚洲首映式。88分钟的电影，像是一首漫长的诗。导演用独特的视角，聚焦了这个饱受争议的女诗人。细腻而真实的镜头语言，讲述了余秀华与诗人身份相违和的农村女性的爱与人生，以及她面对不完美的身体和命运的抗争历程。源自内心的力量，让现场观众一次次为她鼓掌。

隔天，余秀华接受本报专访，谈及成名这两年的种种，她说："外界对我这个人的解读太多，反而对我的诗解读太少。"

一、关 于 走 红

其实,睡你和被你睡是差不多的,无非是

两具肉体碰撞的力,无非是这力催开的花朵

无非是这花朵虚拟出的春天让我们误以为生命被重新打开

——余秀华

以上句子摘自余秀华最广为流传的诗《穿过大半个中国去睡你》。因为这个看起来骇人的标题,她在 2015 年几乎一夜成名,但可能,很多人并没有读过她的作品,哪怕是读完整这一首。

因为这个标题,因为她成名后过于直率的表达,很多人对她有误读,但名声和其他还是滚滚地来了。"自己可能感觉不是那么明显,但可能,内心还是变化的。"余秀华并不否认,受到追捧和热议,对她生活和内心的影响,但她也说自己时常思考,之所以忽然接到命运递来的橄榄枝,"可能是因为,我已经足够平静。"她告诉记者,在走红前,经过了三四十年生活的磨难,觉得可能就这样一辈子了,"尽可能地让自己心情平静下来,减少和前夫吵架的次数,不管怎么过,都是一辈子,当时觉得自己已经具备了承受所有生活重担的能力。是具备了那个能力之后才红起来的。"

在放映时,有一幕尤其令人感动。在一场关于余秀华诗歌的大型研讨会上,一位专家正色道:"从本质上,余秀华和英国诗人艾米莉·狄金森有着非常多的相似之处,可以说她们都在孤独中创作。"镜头转到了余秀华,她开口了:"我认为,一个人如果落入了模仿和被拷贝的境地,是非常可悲的。狄金森是唯一的,而余秀华也是世界上唯一的。"这句话说完,电影仍旧放着,但上海影城二号厅第七排一位女观众,带头鼓起了掌,随后掌声遍布了整个放映厅。

电影里还有一个镜头,她去领一个奖,很多红色的光打在她的脸上,余秀华的表情很复杂。当天特地来为余秀华捧场的演员梅婷说,得奖大家很高兴,但是不会带给你永远的幸福和快乐,"就是这么一天,一个晚上。我也经历过,我也有很深的同感,真正给你快乐和幸福的不是这个。我不知道我们现在把余秀华带给大家,她能从中有什么灵感和养分。但是我从她的诗当中可以看到天空、云朵、大自然、花、草和她的生活。"

二、关 于 离 婚

坐了很久,两块云还没有合拢
天空空出的伤口,从来没有长出新鲜的肉

——余秀华

"所有的出名,所有的获得,几乎都是为解除这个婚约服务的,没有这些先决条件是不可能的。"从纪录片来看,余秀华从自己获得的版税中挤出了十几万,转款给前夫,终于获得了离婚的权利。

导演范俭告诉记者,镜头没拍到的,是后来余秀华又转过几万块钱,给前夫装修房子用。余秀华也说自己对前夫并没有刻骨仇恨,他也确实不是一个坏人,甚至是一个老实巴交的人,"我们的婚姻不是正常人和正常人之间的矛盾,还有正常人和残疾人之间的歧视,特别的突出。这个婚姻就像一座山一直压着我,正常人对残疾人的歧视,如果说在两个人的关系里得不到很好的处理,它会无限放大,这种放大对我而言是一种压力,对他而言也是同样的压力。他会觉得我太委屈了,我是一个正常人,我娶了一个残疾人,而且这个残疾人还不尊重我,对于他来说也是同样的压力,但是没有勇气来解决这个事情,因为他也没有经济基础。刚好我们两个人获得了这样的经济基础,离婚对我是解脱,对他来说也同样是解脱,这真的是很好的事情。"

出名,然后离婚。自然引来很多争议,甚至非议,余秀华一一坦然面对,她说:"所有说我不应该离婚的人,他们是没有经历过这些事,要不然就是他们觉得婚姻本身对一个女人来说非常重要。还有一部分人觉得,我是出名了,有钱了,抛弃了糟糠之夫,但是我觉得所有的舆论与我现在获得的自由相比,自由更重要。"她强调说,自己内心可以感受到的东西,是在日常生活当中的,"相比我的名声是好是坏,我更在乎的是我从这个事情当中获得的真正的解脱和自由。"

三、关 于 生 活

> 首先是我家门口的麦子黄了,然后是横店
> 然后是汉江平原
> 在月光里静默的麦子,它们之间轻微的摩擦
> 就是人间万物在相爱了
>
> ——余秀华

余秀华说,离婚后又是一年,生活倒没有什么变化,"我现在住在新农村的房子里,我父亲晚上回去守着老房子,因为里面还有鸡啊鸭啊鱼啊。"她说离婚后,自己没有那么痛苦和压抑,写诗也就没有以前那么多了。"我写诗从来不是为了出版,而是为了表达,2016年大概写了近两百首吧。"

对于现在的日子,余秀华说非常满意,唯一的愿望是,"谈更多的男朋友"。想起来她对爱的渴求和想象,总是那么炽烈地出现在她过往的诗作里。"我已经42岁了,但我现在所期待的爱情,跟我十几岁时候,是一模一样的。"这个总是以"难看的老女人"自居的诗人,偷偷地从头到尾看过《三生三世十里桃花》,还会自己在家用口琴吹主题曲《凉凉》,她有点不好意思地说,其实自己特别向往剧中那种生死缠绵的爱情。完全的一颗少女心,"别人到了三四十岁,会考虑经济条件、家庭

背景,我觉得两个人好就可以了,他宠我就好了。"她呵呵呵地笑起来,十足像一个孩子。

说到孩子,余秀华20岁的时候懵懵懂懂地生下了儿子,但生出来的那一刻,"顺产,五斤六两,细长细长,是个血胎。他出来了,母性也就自然而然出来了,也不知道是怎么回事"。如今儿子在武汉念大三,离她不远,主要靠微信联络。"想想我做得很差劲,没有过多的精神营养能给他。养育他,更多就是一个陪伴的过程。"余秀华说,她没有特别想儿子,但会想起曾经逼她结婚,又不愿她离婚的妈妈,那个已经故去的最亲的人。她说,"想起来,都是她的好。"然后便红了眼眶。

四、关于明天

难道还有明天?
可惜还有明天。

——余秀华

电影《摇摇晃晃的人间》的英文片名叫作《Still Tomorrow》。导演范俭说,这个英文片名是全剧组上下一致投票决定的,因为它表达了人物很内在的情感状态,"渴望明天,又无处寻求的明天"。在电影的结尾,落款是"难道还有明天,可惜还有明天",摘自余秀华的诗,前一句去日苦多,后一句来日方长。余秀华自己说,写这两句时确实很悲观,但现在就会把这些悲苦放在一边,还是要乐观才能活下去。

然而,自卑在她平时的生活中无处不在,遇到一个你喜欢的人,却没有勇气往前走,"我会告诉他我喜欢你,到此为止",自卑也是"如果不是残疾人就一切都好了,从来没有抱怨过父母,但是却时常抱怨命运"。

但她也说,对现在的生活,非常满意,"如果说我的生命在今天终止,终止于现在,我没有任何遗憾。相反明天,很多的明天串在一起,我觉得对我自己的生命来说是一种消耗,也是一种伤害,所以说我觉得明天是可以不要的,但是你必须要去接受它的存在。但是,你不能说我现在去自杀,所谓的自杀对生命本身,对于这个世界是没有任何意义的。这是一种悲剧的收场而不是某种奇迹。"

附:记者手记

清醒的代价

孙佳音

聊久了,余秀华便换了个坐姿,舒服地靠在沙发上,然后把自己的近视眼镜摘了下来。黑色的镜脚上缠着厚厚的黄布,用来固定。看得出她对于物质生活真的没有太多的向往,她还住在湖北横店,父亲烧什么她吃什么,一年也花不掉一万块钱,最大的开销就是上网买衣服。比如,来参加上海国际电影节,首映礼上那身波点纱裙就是她在淘宝花了三百多块钱买的,"颁奖典礼,我准备穿一件粉红色的长裙,穿起来不舒服,只能难得穿穿,也是淘宝的。"她还说,自己在网上买的好几件衣服,由于腰身太粗,都塞不进去。说完她爽朗地笑了起来。

很少有采访对象,像她这样,真实、鲜活、生动、明亮。不造作,不假装,甚至有几分犀利得偶尔令人不适的直率。我想可能是因为她活得特别明白,也特别清醒。她并不否认自己的清醒,但她说,"所谓的清醒是无数的痛苦换来的,都是有代价的。"

梦开始的地方

原创 2017-06-26 曹可凡

夏花绚烂时节,资深电视导演郑大里先生邀我主持其父——一代电影大师郑君里先生《一个人的电影史》展览暨《郑君里全集》首发仪式,这不禁让我想起与上海电视节的些许陈年往事。

1988年莺飞草长的一个午后,我从当时就读的上海第二医科大学,乘坐公交车前往电视台做节目。由于前一年参加电视台《我们大学生》节目主持人遴选荣登榜首,便每周参与该节目录制,同时还兼任《诗与画》节目主持人,所以,每周都要数次往返于学校与电视台之间。那日,公交车快到电视台时,我挪至门口正准备下车,突然有人在我身后拍了一下,回头一看,一位面部轮廓清晰,文质彬彬的中年男子冲我微笑。

"你是曹可凡吧?"他问。得到肯定回答后,中年男子又问:"看过你的节目,不错,但不知道你是否会做晚会主持?"想到平时在学校常主持各类文艺晚会,便不假思索地脱口而出:"当然会啊!这又有什么难的。"这幼稚的回复显然逗乐了对方,"电视直播晚会非同儿戏,难度极高。我叫郑大里,是晚会导演,过几日会直接联系你,可能会有台晚会请你主持。"后来,才从其他导演口中得知,大里先生为郑君里先生哲嗣。

没过几天,郑大里导演果然如约来电,说,经领导研究同意,正式决定让我主持电视节会歌评选晚会。听到大里导演那番话,突然觉得脑子"嗡"的一声,光看见导演嘴巴在动,但说什么全然没有听见。等缓过神来,才发现其实自己连一套像样的西装都没有。当时有位导演随手送我一件淡米黄色格子西装,母亲又忙不迭帮我买了条米色西裤与白衬衫,配上父亲那条浅蓝色领带,倒也像模像样。

晚会录像地点在普陀体育馆。舞台搭得足足有两层楼那么高,灯光繁复,摇曳生姿,光彩炫目,看得令人目迷五色。舞台表面均由原玻璃镶拼而成,略有点滑。站在舞台上,顿感自己渺小如天地一尘,拘谨得不知如何是好,背好的词竟然一句也想不起来,连手脚也不知如何安放。只看见郑大里导演如同大将军一般,在主席台上从容不迫,指挥若定,随时调整演员与主持人位置。正当我处于慌乱之中,突然听见导演大声要求我后退几步。情急之中,我都没顾上往后看,便快速往后倒退,没想到,步子迈得略有些大,直接从舞台上摔将下来。

此时，整个体育馆气氛仿佛凝固一般，大里导演及其他工作人员赶紧奔跑过来，询问我是否受伤。虽然这一跤摔得不轻，但总算没有大碍，只是花了近半小时，才从惊恐中恢复。不过，初生牛犊不怕虎，整顿好心情后，再次全心投入排练。得偿所愿，那晚直播在小辰和刘维两位前辈主持人帮助下顺利完成，而且在与嘉宾采访中还不时爆出些许火花。而晚会评选出的电视节会歌便是那首脍炙人口的《歌声与微笑》。"请把我的歌，带回你的家，请把你的微笑留下……"每年电视节，听到那曼妙而熟悉的旋律，总会想到自己那次怦然心动的直播"处女秀"。

出乎意料的是，我那次远远称不上完美的直播"处女秀"居然引起刘文国导演的注意。他破例决定请我和张培为当年举行的第三届上海电视节开幕式担任现场解说。上海电视节开幕式历来是规模最高的文化盛事。虽说是"画外音"，可对我这样初出茅庐的年轻人来说，也是无上荣光。张培老师当时是上海滩炙手可热的女主持，事业如日中天，她的播音向来以"情"动人，声情并茂，直抵人心，而且吐字归音极为规范，分寸把握尤为讲究。在彩排时，张培和我反复演练，力争使每段旁白既不抢戏，也绝不冷场，真正起到烘云托月之效果。

直到今天，虽然已主持了十多届上海电视节颁奖典礼，然而最令人怀念的还是1988年那两台电视节晚会，因为，那是我梦开始的地方。

上海男人的细节密码

原创 2017-07-02 李大伟

今年的六一儿童节,一则视频刷爆上海人的微信圈:一个上海爷叔,花衬衫敞怀,不系前襟,不穿背心,等于赤膊,一副困不醒的惺忪眼神,用上海方言唱着《上海童年》,嗓子有些沙哑,如同打桩模子卖退票。歌谣的内容都是陈仓烂谷子,平铺直叙,絮絮叨叨。歌词浅白俚俗,既不优雅,也不文学;弦也弹得松松垮垮,既无起伏,也不悠扬,但句句落在老上海人柔软的心坎上,如一点醋滴在眼睛里。场下的上海人为他击掌为他流泪。三十年前的上海人,其实很市井,咸菜泡饭,偶尔大饼油条,既是早餐,也算点心,简称"早点",实实惠惠,尤其是上海男人。

其实,真的,生活里的上海男人很随意:出门在外,春秋天里夹克衫;夏天了,T恤衫。上超市,夹仔双拖鞋片;坐在弄堂口:上身"老头衫",或曰"和尚领";蹲在屋里厢嘛:背心;女儿不在家,则短裤赤膊。

生活中的上海男人,新世纪后就不穿西装了,即便婚礼上,穿西装也只有"三种人":不是新官人,就是证婚人,还有就是沾亲带故的外地人。哪怕落座主座,上海男人也是便装,而不是西装。说得再狠些,追悼会上也不穿黑西装。上海人眼里,西装是一种特别刺眼的符号,如同救火车的火红色。在上海的大街小巷,西装、领带、皮鞋系列配套的男人,说着普通话,那是房产中介;说家乡话,那是出差的;倘若穿西装、说上海话,那就是去大酒店与外国人签合同。反正上海男人穿西装属于不太正常。一出门,邻居、朋友就会大惊小怪:"做新郎官啊?"这是搓搓侬。西装是生活里的戏装,是道具,很庄重,很仪式,用上海话形容:"像坟墓里爬出来的老古董。"

在上海,讲究的男人,四十多岁,当了一定级别的干部,小领头、小格子的衬衫,下摆掖在笔挺的西裤里,肚子微微隆起。有身份了,要注意形象,比如着装。

茶馆里、咖啡店里,临走付账最能看出上海人的细节密码。如果是中年男女,女的买单,那是夫妻,因为在上海,女人才是捏钱袋的;如果男人买单,只有两种可能:不是轧姘头,就是谈朋友,属于开销模子。上海男人的口袋,婚前放铜钿的,婚后放草纸的。因为公共厕所有个特征:有坑位无手纸,所以出门在外,口袋必须有手纸,否则"坐得下去,站不起来"。

上海是国际大都市,一笑就是国际玩笑,开不得!没有偏财的上海男人,兜里除了门禁卡、地铁卡,还有些零花钱,"瘪瘪挺"之谓也。会办事的老板,薪水分双卡:一张卡是工资,老婆的,养家的;一张卡是奖金,老公的,私房钿。所以夫妻外出,一马当先的自然是娘子。

老克勒其实是上海小资们炒出来的,西装革履,吊带领带。这番装束,只限于洋行里的写字间职员,还有落弹房里、西餐馆里的托盘服务生,永远是一小撮,万分之一都不到。大多数的上海男人很中式,旧上海,钱庄里的东家、掌柜、跑街,不分贵贱;社会上的各行各业,如南京路上的四大百货公司、沿街商铺、弄堂口烟纸店,柜面职员一式灰布长衫。上海男人很本色,至今喜欢在茶馆里、澡堂里、饭店里谈天说地、托人办事。一群上海人,哪怕是海归,都说一口上海话;哪怕暴粗话,也是方言。

称呼里暗藏上海密码,老伯伯是尊称长辈,大伯伯才是血缘敬称;阿哥是非血缘尊称,大阿哥是血缘关系;老阿姐是客气,大阿姐是排行。凡嵌有大小数码的,都是血缘性的。至于陌生人相见,尊称"师傅"。上海人看重手艺,职业俚称饭碗,有手艺的饭碗,不仅铁铸,而且镀金。教你手艺的是师傅,是再生父母。老上海人,手艺比文凭金贵,师傅比老师吃香。上个世纪,八级钳工远远高于教授、工程师。师傅是敬称,路上问个路,抽烟接个火,"师傅"是卷首语。现在,上海已非工业城市,见面称呼也变了,"某某教授",小名是亲切,职称是敬重。亲情有了,感觉也有了,小名+职称,是上海人新世纪的称呼。

会说普通话、会说外国话,见了上海人,只说上海话,这叫本色,也叫低调。上海话不是课堂用语,不是官方用语,更不是文学用语,谈不上高雅,因为亲切所以喜欢。上海男人,吃咸菜泡饭不吃奶油面包,喝茶不喝咖啡,听评弹不听话剧。坚持自己的喜欢,不随波逐流、附庸风雅,这就是上海男人的真诚。以上海老男人杜月笙为例,贵为名流,在中汇银行开张仪式上,一袭长衫、一口本地话,而且大实话:"伲是'强盗扮书生,曲蟮修成龙。'"在国际化的都市里,说本地话,做本色人,这就是上海男人,所以叫模子!楷模的模。

算是一些小小插曲

原创 2017-07-04 童自荣

一个搞配音的怎么也走了舞台,这件事说来可能有点意思,也实出无奈。总体上说也就是我几十年艺术生涯中的小小插曲罢了。

我当然一有机会就强调,所有搞幕后工作的,如:配音演员、电台主持,甚至也包括作家本人,都要让他们保持一份神秘感,这正是他们拥有的独特魅力啊!可叹市场经济大潮一来,居然把我也冲上了舞台,虽然并非演话剧,而是参与朗诵类活动。

那回应当是九十年代末,北京音乐厅突发奇想,以一己之力策划发起了一场名为"唐宋名篇音乐朗诵会"的晚会,是以交响乐伴奏分量,这件事本与我毫无关系。北京方面执意邀我参加。我当然以不适合上台为由婉拒,但让我头疼的是,他们一而再再而三地动员我,我则再四再五地予以拒绝。我坦言,我习惯于不见观众地在录音棚里演戏,现在走上舞台和台下观众直接交流,万一脑子空白,便会出大洋相。可到了后来,他们竟委托我身边的同事"疲劳轰炸",似不达目的决不罢休。我于是除了"举手投降"别无他法,不久便乖乖地买了机票去了北京。

既到了台上,我的个性不容我不用功,到底对己对观众都要负责。好在未出事故,还得到了磨炼。嗓子状态帮忙的话,很有一点陶醉。那一回的朗诵会延续了好几天。每天篇目相同,我都是念《岳阳楼记》及《满江红》,总不能机械地重复吧,每天都需找一点新鲜感,从前上表演课老师都提醒过的,比方观察观众的变化。那天,果然来了一些特殊观众——中央领导亲临观摩。我念到"居庙堂之高,则忧其民""先天下之忧而忧"这些名句的时候,便感到很有针对性,情绪上也分外带动,感觉上,台上台下产生了共鸣,朗诵的魅力亦由此可见。

在以往那些朗诵活动中,最让我开心的是主办方提议,让我朗诵散文诗"泥巴"。这个作品是我偶然发现,也是我最喜欢最能打动我的。我视之为我的朗诵代表作,尽管有人可能会惊讶,一个如此"洋气"的演员,居然会钟情于如此土的作品。散文诗作者是一个农家子弟,字里行间充满了他对泥巴,对土地,对父亲,对故乡那一份深深的爱,这份爱朴实无华,深深地打动了我。我每次在结尾处,都要加上几句我特想说的话。我常想,那千千万万的观众朋友不也都是泥巴吗?我们的衣食父母。没有他们就不会有我们曾经的辉煌,也不会有我的今天。一个朋友说得好:老百姓对我们这么好,点点滴滴,我们一定要把最好的艺术奉献给他们,而千万千万不要让他们失望。

还有个插曲不妨一提。

两年前,上海话剧中心的校友们来了个"新发明",欲在台上表演广播剧——根据英国侦探小说家阿加莎的作品改编成的广播剧。对于我,则又是一个意想不到的"飞来横祸",因为他们找上门来力邀我参加演出。彼时我早已退休,亦是极为抵制,没什么兴趣。但他们以校友身份强调,这差不多就是在电台录音棚里录,不过有一些观众旁听而已。禁不住他们一次又一次的"花言巧语",我也不好意思再不出山。

广播剧的录法和配音差不多,可拿着也可不拿本子,关键是必须对着话筒,演员只能用听觉来交流。那番排戏过程倒也不太费事。未料,那个小导演——亦是上译厂迷得很厉害的粉丝,忽的往常排话剧的瘾头上来了,到了我们站起来联排的时候,居然指手画脚兴奋异常地要我们都"动起来",开始有调度、有动作、互相还要交流起来……我被弄糊涂了,但很快清醒,于是并非吓唬她地说:"这样下去,还像搞什么广播剧吗?谁要这样胡闹,我第一个退出。"排练就此中断。那小导演回去想了一个晚上。第二天一早宣布:"还是搞广播剧。"一场风波总算平息。

本担心新花样是否会得到观众认可,结果还挺受欢迎,反响热烈,皆大欢喜。首场演出结束,第一个冲到化妆间,一边高举双臂做着英语"V"的手势,一边大声喊着成功了,成功了的这一位,就是这个顶顶可爱的小女导演。

时间过得飞快。我已年近75。说起来至今最爱的还是配音,但除了语言艺术那一堆事情,倒还想尝试唱一唱歌(其实离多才多艺何其之远)。目的主要还是为了可以多一种给老百姓服务的手段。冲上舞台应能做好多事的,我要好好想一想。

因酒之名

(原创) 2017-07-08 叶兆言

十七年前世纪交替,文学前辈鲁彦周老师来电话,让我参加一个笔会,说这会很简单,无非一帮老朋友聚聚。所谓老朋友,都是五七年的难友。江苏喊了陆文夫,有此想法已很久,拖了很多日子才兑现,他说你父亲与高晓声可惜都不在了,你呢,就作为小辈,陪你陆叔叔过来玩玩。

快成行,陆文夫因为身体原因,不能参加。鲁老师就说,老陆不来,你还是过来,陪我们一起玩。我觉得不妥,都老前辈,我混迹其中,算什么事。于是想到储福金,他是江苏老作家艾煊的女婿,鲁老师说这样挺好,把小储叫来。

首届迎驾笔会除了东道主鲁老师,还有王蒙,还有邵燕祥,还有邓友梅和张贤亮,还有好几位,都是1957年被打成右派,都大名鼎鼎。三十年河东,三十年河西,我和福金见证了这些老作家的风光,到处受欢迎。那时候,迎驾酒厂门前大桥刚建好,栏杆还没来得及安装,一群小学生载歌载舞欢迎我们。

迎驾笔会因酒命名,作家再牛,也是十分寂寞的个体,没有迎驾酒厂,不会有这样的文人雅聚。十五年后第二届迎驾笔会,与第一次一样,也是因酒之名。不同之处是换了一拨作家,我和福金再次参加,说起前次因缘,回忆当年,不免感慨。又过两年,第三届迎驾笔会,一不小心,我便成了三朝元老。

十七年前第一次来霍山,正是迎驾贡酒起步,在安徽刚开始有市场,在江苏还很少看到。创业艰难,销售人员告诉我们,他们的酒很难进入南京超市。因为迎驾笔会,看到了一家酒厂的欣欣向荣,现如今,我居住的城市,每家超市都在卖迎驾贡酒。街头巷尾居民小区,是地方就挂着"迎驾"的红灯笼。

酒别多日,自当刮目相看。现如今,迎驾酒每天上缴国家的财政收入,是三百多万。这年头有变化不足为奇,有发展情理之中,都在与时俱进,然而每天三百多万利税,这数目骇人听闻。经济永远是基础,有钱就好办事,迎驾酒厂做坚强后盾,我们有机会一次次煮酒论文。

十七年前因酒之名,作为晚辈,有缘看到前辈作家的荣耀,那时候文学多么受欢迎。十七年后,文学光环大打折扣。遥想当年,张贤亮在前辈中岁数最小,心态最年轻。大家一起登黄山,老先生健步如飞,他竟然雇了轿子,不是爬不动山,只是觉得坐轿子好玩,一个劲地招呼大家都试试。

心态年轻的张贤亮到哪都会留下故事,我们曾在很多场合相遇,第一次迎驾笔会印象最深。他的风流倜傥永远是个话题,当时情景历历在目,没想天人永隔,未曾参加笔会的陆文夫,参加笔会的张贤亮与鲁彦周,都驾鹤西游,先走一步。

老先生的礼数

原创 2017-07-12 沈轶伦

采访老先生们,常常被他们身上的礼数感动。

比如采访老画家戴敦邦,每次我离开他家门时,不管他在做什么,他必定要放下手中事,起身拄着拐杖一直送我出家门、一直送到楼道口,一边还要叮嘱儿子把我送出小区到大路上为止。有时我走出很远,回头一看,发现他竟然还站在楼道大门前,犹自微微摇手目送。我想我只是一个微不足道的后辈,何以克当。

溽暑天气,为了作画,他在室内穿着棉袄,走到楼道门口时,还是这样一身打扮,来来往往着短打的行人从他身边擦肩而过,更衬托着一身冬衣的他显得与众不同。这是一幅我想永远记在心里的画面。不用一个字,就是这样一个老人在大毒日头下的身影。

这是待客之礼。

采访历史学家陈绛也是这样的。88岁的他住在医院病房，我告辞的时候，他执意起身，我连忙扶住他胳膊说留步留步。他却仰起脸来笑道，"我要散散步，不如正好你陪陪我。"这样一来，倒显得不是他来送我，是我在陪他。

就算是这样，老先生们还会说自己做得不到位。比如陈绛说到一个细节：陈绛小时候到外地读初中时，一次家书的信封上写了父亲的名讳，下面用"□□先生展"，当时陈绛觉得"展"字比"收"或"启"字新奇，没想到放假回到家里，父亲拿出这个信封，对陈绛说：对长辈不能用"展"字，这是不恭敬的，并提醒他日后对用字遣词要注意长幼有序。

我心里想，现在连手写书信都是稀罕物了。人际交往，整天短信来和微信去，张口就是喂哎哦，哪里还用得上体现辈分的称呼呢？大家在群里，直接@一下就算是叫人了。那些尊称与谦辞，曾经是日常交际里的常用语，如今则像是少数人才掌握的暗语。但唯其稀少，一旦被运用，反而更能让人确认说话者的出身。

有次我去闵行采访一位老年社区志愿者，我说些恭维他的话，对方立即从座位上欠身，口里连说"不敢不敢"。而在问我情况时，他则一直用"敢烦"和"府上"等词汇。这让我印象深刻极了，后来一问，果然对方是位解放前的老大学生。和这样的老先生说话，让我自己也不敢怠慢。语境形成的气场，就仿佛有只手推我一把似的,让我脊背离开椅背,挺直身体,整个人因为肃然起敬,而变得像样起来。

他们让我想起我的祖父。在我幼时,他也曾这样抱着我坐在他膝盖上,悄悄手把手教我:"问人姓名说贵姓,说到自己用鄙人。赞美别人用高见,无暇陪客说失陪……"但这些用词,到了我父母一代人,使用率就很少了。到了我们这代人身上,就几乎全体湮没。一次一位老先生称呼我"世讲",我竟然疑心他不善用电子设备打错了字。后来一查,才惭愧地意识到,这是老派人对朋友后辈的称呼。

究竟是为什么,这些本来世代因袭的礼数失去了继承的土壤呢?时代的变化、社交方式的变化,外来用语以及网络词汇的冲击,使许多游戏规则已经改变,让许多古雅的做派如出土古董一般。如今的世代,人们更乐意彰显自己的见识和地位,刷存在感和博人眼球才是应有的姿态,而谦恭自抑,是不是已经是落伍的东西?

也许,规矩,是注定要被打破的。传统,注定是会被替代的。在这瞬息万变的城市中,已经没有什么持续性强的东西了。但老派人坚持的礼数,其实并不仅仅是为了恭维对方而存在的。这种时刻自省的谦恭是提醒人们,不要自以为是,要晓得山外青山楼外有楼。眼前的一切并非所有的世界。就像见过钧窑的人,再使用塑料杯子时,也要知道,除了眼下普及的生活方式,还可以有另外一种生活方式。

努力加餐饭

原创 2017-07-19 钱佳楠

雷蒙德·卡佛的名篇《一件有益的小事》是我最喜欢的卡佛小说。故事很简单,安·维斯去烘焙店给儿子订了生日蛋糕,没等去取,儿子就发生了车祸。夫妻俩焦急万分,整天扑在医院里,安没有来得及跟丈夫提生日蛋糕的事,以至于接二连三接到烘焙师电话的丈夫以为是某个恶作剧。很不幸,儿子最终没能救活,他们回到家,这通奇怪的电话又来了,话筒那头劈头盖脸地就问:"你的斯科蒂,你是不是把他忘记了?"斯科蒂就是他们刚过世的儿子。这次接电话的是安,她自然是大骂对方"恶棍",待挂上电话,她才想起生日蛋糕的事来。

于是,安和丈夫来到这家烘焙店的门,起先双方剑拔弩张,都对对方抱着愤恨,直到安说出儿子已死的实情,面包师请他们坐下,拿出咖啡,黄油,以及他刚烤好的热面包卷。他说:"你们得吃东西,接着生活下去。这种时候,吃是一件有益的小事。"

小说尾声,"安突然感到了饥饿,面包卷又热又甜。她一口气吃了三个,面包师看了很高兴。""他们听他说话,尽可能地吃着……他们一直聊到了清晨,苍白的光高高地照在窗户上面,他们还没有离开的打算。"

很多读者看完小说,都感叹说:瞧,这就是人性。就算天大的事情发生,最后人还不是回到吃喝拉撒的正轨上?这话中的意思,说得好听,是人从不会缺乏生活的力量;如果说的难听,那就是人没肝没肺,自私自利。

但我向来觉得此种解读是对人性的简单化处理,我甚至认为小说的主角不是这对夫妻,而是面包师。安和先生刚刚进入烘焙店时,要抡起擀面杖揍面包师,而后我们知道面包师也是个"遭受生活重创的人"(洛以军语)——他每天工作十六个小时,只够勉强糊口,婚后一直无子也令他苦恼不已,然而,最终是这个"伤痕累累"的人尽己所能,安慰另一个"伤痕累累"的人。

类似的感人画面,在我们的古诗里更清晰,有趣的是,这里也存在普遍的误读。《古诗十九首》之一最末两句"弃捐勿复道,努力加餐饭",不少人望文生义,以为是诗中这位被抛弃的思妇自我安慰:算了吧,被抛弃的事情不要多想,自己多吃口饭才是真的。可是,借朱自清先生的解释,"强饭""加餐"是汉代通行的慰勉别人的话语,不当反用来说自己。也就是说,这句话当解作:反正我是被弃了,不必再提罢;你只保重自己好了!

　　望文生义的揣想和字里行间的深意,很多时候,正是就着生活表象匆忙间所下的判断及事实真相之间的差别。多年前,我母亲因脑膜瘤住院开刀,邻床是从安徽来的十岁小孩,她的脑部肿瘤已经大到改变她的头颅轮廓,痛起来她就双手握拳猛砸自己的脑袋,但她不痛的时候,就是个爱笑的孩子,每天中午都和她爸分享一碗酸豆角炒饭,吃得津津有味。

　　要缴手术费的那天,她爸下午出门取钱,临到傍晚还未回来。病房里的人就开始议论说:这个男人肯定是一狠心把女儿扔在这里不管了。流言越传越真,酸豆角炒饭显示出经济窘迫,闲聊时大家得知孩子的母亲刚诞下一名男婴,而且天色已晚,银行早就关门了。

　　孩子的双眼直勾勾地盯着门口,她爸爸一回来,就一把将其搂住。

　　那段黑暗的日子,是这对父女给了我和我母亲力量。我母亲心事重重,食不下咽,我指着旁边的孩子对她说,看人家,每天吃酸豆角也吃得这么香!

　　我跟孩子说:"我拿我的桂林米粉换你的酸豆角炒饭好不好?"孩子瞪大了眼睛,很坚定地说:"不要!"

　　"酸豆角好吃?"我问。

　　"好吃!"她点头,大口大口地把饭菜扒进嘴里。

　　这一刻,她那位总是愁眉苦脸的父亲笑了,这一刻,我母亲大概也饿了,她也大口大口地把桂林米粉撵到嘴里。

爱夜光杯 爱上海
2018

第二辑

妈妈需要另一种爱

(原创) 2017-07-23 郎绮屏

翡儿:

我们已经有好多年,没能像从前那样坐在一起,感受母女之情。这不能怪你,因为你的儿子需要陪伴。现在经济条件好了,住房越来越宽敞,晚饭后,看到你们一家匆匆上楼,回到自己的房间,有说有笑,妈妈心里高兴。我与你爸两个坐在楼下客厅里看电视,我们知道,你们一家三口已经不包括我们了,这些年,我与你爸已经习惯了这样的日子。每天除了简单的几句问候,我们与你之间没有交流。

我们养育了你,带大了你们的儿子,现在我们老了,与你们在一些价值观、生活态度上常常会发生争执,只能怪我们守旧的习惯太顽固,以至于会让你忍无可忍。其实你知道吗?

这些年来,妈妈也在忍,妈妈的忍是为求得家庭的圆融,为了不给你们太多的压力、束缚,还有怕被你们嫌烦而给你们带来牵绊。

最近,我与你爸老是犯错,不该开窗的时候窗户大开,炉子上频频烧焦东西,每当那时,我们两个老人就像犯错的孩子,紧张得不知所措,怕遭到你们责备。女婿是明理的,他会宽慰我们。可是任性的女儿不会买账,家里常常出现你不停的抱怨声。

我与你爸小心翼翼地带大了你的儿子,比带你的时候更累更谨慎,都说隔代是肉里肉,小家伙跟我们也亲。现在他长大了,经常听到你们在指责我们的不是,这个不能吃,那个不健康,孩子变得挑食起来。外婆着急,多次诚恳地向你们提出孩子的营养要均衡,当着孩子的面不要产生暗示效应,说到底,学问没你们高,生活常识就听听我们吧。

你们不会听我们的,开始嫌我们买的肉便宜,一定是化学饲料喂大的猪。菜市场的鱼虾不能买,放了化学原料。你们开始频繁进入进口超市,买回的肉烧出来没有香味,我们母女俩为此争到现在,也不知是谁对谁错。偶尔想尝尝鲜,买些反季节的蔬菜,你会不顾我们的感受,拿起碗就往垃圾桶内倒,你爸舍不得呀！夺过来,留着我们老两口可以吃,你说为了我们的健康,还是狠心倒了。很快,从网上拉出一串反季节食品名单,贴在冰箱上,外孙每次吃饭前,拿着那张纸到餐桌上来核对,我与你爸成了检查对象。

妈妈此生感恩上天给了我一个女儿，女儿女婿是孝顺的，经常带我们出入高级餐馆，可是我们吃不惯那洋西餐。我们需要的是对我们的关爱。可是，你们为了自己的孩子不要输在起跑线上，把孩子的时间排得满满，带着孩子到处上课，说是咬着牙要让孩子经历一下读书的艰辛，这是必要的成长阶梯。这样，我们还能怎么说？

日子虽然无忧，可是对待每天的家务操劳，我们已经力不从心。我曾试探你：女儿你有责任与义务学会生活的本领，好让你来日家庭生活和睦美满，爸妈总是会老的。你却轻描淡写地说："家里有阿姨，没多少事。妈妈，我觉得你现在有点变懒了。"这句话突然让我感到好失落。

亲爱的女儿，也许是你成熟了，在你的眼里妈妈变了，变得爱唠叨，变得……我们之间越来越没有共同语言。你用不停地给我买东西，来弥补你对我的爱，其实，妈妈都懂，只是，妈妈需要的另外一种爱，一种让你没有时间支付给妈妈的爱，妈妈只有在记忆中去找寻……

妈妈

一场相隔九十载的神交

(原创) 2017-08-01 红孩女

毛主席视李大钊先生为老师,视定国奶奶的夫君(晚清末代秀才、新中国司法制度奠基者)谢觉哉爷爷为学长,她这样的神坛人物到了105岁还获得全家支持来为一部军事题材电影《娘子军传奇》出镜,这里面的信任与分量……

1933年底,许世友将军率红九军解放营山,定国奶奶参加了红军并入党。1934年随红四方面军参加长征。1936年随红西路军征战河西走廊时,在甘肃永昌地区被俘,她因地制宜地在狱中营救红军战俘,成功掩护过女将张琴秋(红军唯一的女将领,摘自《中国军事大百科全书》)。1937年逃离虎口,经毛主席批准,和"延安五老"之一的谢觉哉爷爷在兰州八路军办事处喜结连理。

而娘子军连的事迹大致发生在同一时期的琼崖（海南）。定国奶奶和娘子军领袖的原型人物刘秋菊几乎同龄，并且在红四方面军也组建过军事规模最大的女子独立武装。

有宣传部的领导问笔者：李香瑜的原型是不是吴琼花？客观上不是，正史上的"海南姨母"叫刘秋菊，她才是李香瑜或吴琼花的原型。只是谢晋导演的经典之作《红色娘子军》誉满天下，让吴琼花的名气盖过了正主，也让数以亿计的观众误以为"海南系"娘子军是唯一的一支女子武装。于是，又有领导问：李香瑜和吴琼花有没有区别？个人觉得区别很大。谢晋导演重点描述了吴琼花从一位花季少女蜕变成为女红军的成长史；而孟奇导演创作的李香瑜已经是一位30岁、颇具实战经验的娘子军领导了，她先后培养了两批娘子军战士，并与之共同浴血激战，最后活下来的仅剩两名警卫员！其中一个田凤英（红孩女饰）在建军90周年来临之际，带着李香瑜最后的军令——"娘子军打剩一个人也还是娘子军！"终于和这位亲历过长征的最年长红军元老汇合了……

定国奶奶见家里来了个娘子军，双眼释放着光芒，我能感受得到她心里的喜悦……这股力量令我不由自主地俯身，亲吻着她的手背。待心情稍微冷静下来，我向她立正行军礼，"工农红军娘子军连向首长汇报！娘子军打剩一个人还是娘子军！"不料，她再三地回敬了军礼……在场所有人，包括她的儿子谢飘叔叔也没预想到。这个珍贵的片段被收进《娘子军传奇》的官方预告片中。

这是我第一次对长辈行吻手礼。因为定国奶奶别有一番气质,和照片上不同——我对爸爸这样说,她不是一般人,自带一股宛如三界之外的气场,对什么都很通透却又很淡,连飘叔都有这样的气场。

也难怪,但凡接触过谢觉哉首长的老一辈都用"才高八斗"或"学富五车"来描述他,再没耳闻过其他形容词。特别经典的就是定国奶奶的另一位儿子谢飞叔叔(著名导演)前两年告诉港媒,"不想拍电影了,只想读懂父亲。"我听说后噗嗤笑出了声,飞叔叔是"打赏"了个很大的新闻点,可惜记者没有领悟——从晚清末代秀才到开国司法鼻祖,这是个庞大的工程啊。

不过,定国奶奶还是有令她无法淡定的事物的,就是红军情结。拍摄,看《娘子军传奇》,一晃眼就好几个小时过去了,奶奶的午休时间早过了,她却一反常态地了无睡意,依旧兴致勃勃。客人们见了怕打扰她,纷纷起身告辞,工作人员就搀她去睡了。没想到不一会工作人员跑出来让我去阳台躲一躲——因为定国奶奶不肯睡,正到处寻我!不一会她快找到阳台了,阿姨又领着我猫起身另觅藏身之所。我们就这样打着游击似的……直到奶奶把所有房间寻了个遍,发现真没人了,才肯回房去睡。

对此,几天后,我依然感到很吃惊,问了位比较熟悉定国奶奶的长辈:奶奶为什么会那样舍不得我离开?他说,奶奶这次八成以为我是她昔日的红军战友,一下子想起自己最苦的时候……

红四方面军的很多仗打得十分惨烈。百丈关战斗,当时敌人把路全都堵住了,牺牲了很多人,以至于剧团的女战士也参战了。由于她们背着乐器赶路,手里多为扁担之类的棍棒,枪很少,就用棍棍棒棒打。红军打仗不分男女,不是说女的留下男的打,而是一齐打,打得好就赢了,打得不好,人就没了。

长征的时候,女红军都不知道苦了。雪山上空气稀薄,气候变化无常,上山时阳光明媚,爬到半山腰就寒气袭人,等到上山顶时,气温急转直下,冷风把一身大汗一吹,顿觉腰背冰冷,双手被冻得僵直,几乎抓不住木棍,耳朵也仿佛被冻掉。

1936年的一天晚上,定国奶奶在雪山上睡着了,当时人多被子少,只感觉脚冻僵了,手一摸,一根脚趾就断了,留在了海拔4 000米以上的雪山顶。但是作为一名年轻女红军,她既没顾得上包扎也没伤心,而是继续赶路,因为路上那么多人的生死都说不准,早就不知道什么算苦了……

我的心到此刻无法平息,因为目睹了一颗横跨九十载的红军初心,恍如隔世……当年的小红军,坐在面前的老寿星,却始终恪守的初心!于是,就有了昨天说的"边打此文边发抖"的情形,这是实情。只要对定国奶奶有益,笔者以后探望她时都身着红军装。

那天,我们陪着她观赏了《娘子军传奇》的部分片段,先于全国院线公映日(八一建军节)两个月。代剧组全体恭祝定国奶奶阖家建党节、建军节万事如意,笑口常开!

读书是门槛最低的高贵

原创 2017-08-02 张胤

"你现在的气质里,藏着你走过的路,读过的书和爱过的人",这是最近常看到的一句话。用三毛的话来说——读书多了,容颜自然改变,许多时候自己可能以为许多看过的书籍都成过眼烟云,不复记忆,其实它们仍潜在气质里、在谈吐上、在胸襟的无涯中。

读书不是穿锦绸罗缎、吃琼脂美馔,满足不了"食色,性也"的即时口腹之欲,但时间可以检验一切,读书会在潜移默化间发生裂变,让你站在思想的高墙上,看清哪些是沟壑;让你胸中自有峰峦,灵魂充满香气。不管出身寒门还是富贾贵胄,有一条路,公平地摆在人们面前,让人通往一种精神上的高贵,那就是读书。

虽然,如今人们好像更愿意对那些蔓延于各类平台、随处可攫取的信息囫囵吞枣。然而,读书,是多好的一件事啊!

看《论语》,相信人性本善;看《墨子》,知道何谓礼数;读《王阳明传》,知晓被庭杖得血肉模糊的王阳明,被贬到荒蛮的贵州龙场,却潜心悟道,提出"知行合一"的处世哲学,泽被后世;读《曾国藩家书》,了解到这个大器晚成的晚清名臣,虽天性笨拙但素来勤奋,科举第七次也才只中了秀才,遭遇无数挫折,方成就一代名臣大儒……

读海明威的《老人与海》,时刻谨记"一个人可以被打败,但不能被毁灭";读《普希金童话诗》,那个关于渔夫和金鱼的故事,成了我的小时的思想启蒙——不要奢望不属于自己的东西,也不要总欲望别人有、而你所没有的东西;读伍尔夫《一间自己的屋子》,告诉自己作为女性要在思想上独立,要把一切时间用来干自己喜欢的事情,这并不是女性主义的立场,而是阐述一种生活哲学——不必理会任何试图阻碍你的力量……

读书的意义不是去奢求仅凭一本能彻悟通透人生,而会让你知道,古今中外不少人和你一样面临同样烦恼,甚至比你更苦更难;你憋在心里的复杂情感,终于有人替你说了出来,两个灵魂透过书籍思想有了交集、有了共鸣,于是你觉得无处可说的挫败和孤独也消减几分。

读书亦有彻悟境。此时,读书与你的人生,血肉相连。五年前我大病一场,在医院休养的三个月内,前后读了十余本书。读《我与天坛》《生活与命运》,甚感劫后余生的侥幸以及感慨重获新生、重视生命意义;读《干校六记》《少年维特之烦恼》,便思考收起稚嫩的锐气、磨掉粗粝的棱角,保留足够的谦逊和尊重,关注自身的成长和生活的充实;余华的《活着》我反复读了五遍,对我的启迪也是最大的。的确,哪有一个人的人生不需跨过一道道的坎,哪有什么快捷方式,能做的无非是带着一颗坚强的心,坚定地活下去。

我们的气质大多藏于书中,到了锋芒内敛的年龄,结合多年阅历、积淀,个人独特的气质也会慢慢显露出来,就像一把把镰刀,在你内心中开垦出一片片旷野,一到金秋时节,便能收获思想的稻谷。而思想是这世上最不分贵贱、最公平等分的东西,你投入多少便产出多少,谁也抢夺不了,也不允分羹。

说真话,才有力量

(原创) 2017-08-04 赵丽宏

每次去北京开政协大会,我都会想起两位值得尊敬的文学前辈:巴金和冰心,想起他们曾对我说过的话。巴金和冰心都是全国政协委员,巴金还担任过好几届全国政协副主席。1988年,我当了全国政协委员,第一次去北京开会,听到很多委员在会上畅抒胸臆,议论国计民生,因为都是发自肺腑的真话净言,所以在会内会外引起一片共鸣。因为身体不适,巴金没有来北京开会。政协大会结束回到上海,我去看望巴金,他很有兴趣地听我谈了会上一些委员的发言。巴老说,以前很多人讲假话,是因为没有说真话的环境,是因为害怕,为了保护自己。现在,再不能这样了。我的耳畔,至今还回响着他的声音:"政协委员,如果不说真话,那还有什么意思。大家都说真话,国家才有希望。"巴金先生晚年一直在呼吁知识分子要讲真话,并以他的《随想录》为世人做了表率。真话未必是真理,但真理一定是真话。1990年去北京开会时,我去看望了冰心,有一番长谈。她的看法,和巴金不谋而合。临走时,冰心在赠我的一本书上写了一句话:"说真话就是好文章。"

政协委员的建议,如果合乎国情,顺应民意,代表了先进的理念,代表了老百姓的愿望,即便经历了漫长曲折的过程,最终还是会结成正果。1988年3月,我第一次参加全国政协大会,那时年轻,才三十多岁。会议期间,提交了一份提案,呼吁重视中华传统节日,并建议将"清明节"和"中秋节"定为法定节假日,还建议弘扬中华民族传统节日的文化内涵,以此唤起国人对中华民族文化的自豪和热情。此提案提交之后,收到国家有关部门的一封简函,接下来就再无下文。事隔十多年,开始有人在全国人大和全国政协提出类似提案。这并非我当年的提案的后续和呼应,而是不谋而合,因为,越来越多的人有了这样的认识和要求,对中华民族传统节日的重视,逐渐成为全社会的共识。从2003年开始,我又连续四次在全国政协大会期间提交提案,呼吁重视中华民族传统节日,建议将清明和中秋节定为国家法定节假日,可谓锲而不舍。2007年12月,国务院终于颁布法令,决定将清明节、端午节和中秋节列为法定节假日,这是很多人大代表和政协委员呼吁建议的结果,作为其中一分子,我深感欣慰。第一次提案建议中秋节放假时,我怎么也不会想到,二十年后,会同时有三个中国的传统节日成为法定节假日。抚今思昔,我的感想是:当年的这些话,没有白说。

先后当了很多届政协委员,曾在政协提过一些和文化建设有关的提案,有些很快被采纳,如关于建议中国书法申遗的提案,我在2008年全国政协会议上提案,文化部当年立案申报,第二年就被联合国教科文组织通过列为世界文化遗产。我在全国政协提出的关于保护文人故居的提案,也有很好的落实,如关于重建梁启超故居、建立巴金故居和柯灵故居的提案等。

家国天下的责任担当,是中国知识分子的优良传统。在中华民族伟大复兴的时代,这种传统应该得到更深入地弘扬,这也应该是每个知识分子的自觉行动。个人的作用也许微不足道,但个人的努力能融入大时代,那就有了非凡的意义。

难忘那年哨所演出

(原创) 2017-08-07 郁钧剑

今年是建军九十周年,作为一名军队的文艺老兵,我曾经奔赴在炮火硝烟的自卫反击战前线、九江抗洪的决堤、汶川地震的灾区……我上过海拔五千多公尺的雪域、下过惊涛万顷的南海,走进了渺无人迹的深山,穿越了一望无垠的大漠……目的只有一个,因为那里有我的士兵兄弟,去为他们歌唱是我的责任。

难忘的演出有很多,但最早留在我记忆深处的一次,是在三十多年前的自卫反击战中,我在南方边境慰问过一个白云深处的哨所。

那天一大早,我们就出发了,爬上高山,翻过了好几道坡,来到了哨所。说不清是山高还是云低,站在哨所的"门"檐下,随手可抓住那些在钢盔边、枪尖上撒欢的云。

哨所在山头的背后,是一座水泥石块筑起的简陋工事。迎接我的圆脸战士自豪地说,这是他们用汗水搅拌着水泥盖起的"家"。这话我相信,因为我几乎是赤手空拳地上山来,就已经被累得七喘八哈的,而战士们却要用肩头扛来一袋袋水泥,一块块岩石。

简陋且简约的"哨所"很小,有两张床紧贴着石壁摆放着。说是床,其实人真躺在上面了,恐怕连翻身都难。站在连转身也难的两床之间,我惊讶地发现床上的床单白极了,显然是刚刚换上去的。仔细看看,哦!那床是在空子弹箱上搭上木板做成的。同样是用空子弹箱做成的"床头柜"上放着一只罐头盒子,里面插着一束红彤彤的野果,果上还挂着晶莹的水珠。圆脸的小战士注意到我对这野果有点感兴趣便说,这是班长早上从山坡上摘回来的。我这才看见,还有一位五官清秀的老兵一直一声不吭地跟在我的后面。我回过头来握着他的手并由衷地称赞道:"你们的内务搞得真是有模有样啊。"班长不好意思了,喃喃地说:"那是为了迎接你们来。"这话我也相信,因为我想象得出,在这连草木都是雄性的地方,平时他们会很随便。

我走到他们的床前,雪白的床单下垫着崭新的毛毯,圆脸小战士快人快语,说这是去年总后勤部派人来了解边防战士的生活,专门为高寒地区的哨所增发的。说这话时,能明显地感到他和班长都有点激动。我像所有下基层看望战士的首长们一样,也照葫芦画瓢地掀开了床单,关心地摸摸这毛毯够不够厚,够不够暖时,却意外地发现了一本显然是人工用牛皮纸装订成的剪报册。我想看看,发现班长扭捏了一下,红着脸,同意了。

打开那精心粘贴的册子,里面有不少从报刊上剪辑下来的警句格言,还有一些手抄的流行歌曲。扉页上是时下最流行的一首歌词"没有花香,没有树高,我是一棵无人知道的小草,从不寂寞,从不烦恼,你看我的伙伴遍及天涯海角……"不知为什么,此时此刻在这种环境和情境下读到这些文字,心头竟涌上了不尽的滋味,一半是酸楚,一半是热流。我几乎是在微微的颤抖中往后翻着册子,在册子的后几页,我看到居然还贴着好几张有各种姿态微笑着的女明星照。望着这些照片,望着这两位已经将头埋到膝盖里的年轻战友,我一时竟不知说什么好,我们都憋了好半天,还是那位爱红脸的班长终于先于我憋出了一句:"看见了这些照片,我俩就真的不会感到烦恼和寂寞了。"我更加语塞,甚至感到了丝丝羞愧。

他们的确辛苦。他们远离家乡,远离亲人,来到这荒无人烟的山头,每日面对着近在咫尺的敌人的狙击步枪,默默地坚守着祖国边防线上的这一方土地。他们每星期只能有一个人下一次山,去担回些罐头食品及日用品;他们没有电视,没有娱乐……

我说,我给你俩唱首歌吧,就唱这首《小草》。他俩鼓掌了,继而,在我的歌声中融入了他俩的歌声:"春风啊春风,你把我吹绿,阳光啊阳光,你把我照耀,河流啊山川,你哺育了我,大地啊母亲,把我紧紧拥抱。"当歌声在山谷中渐渐消失掉最后一缕余音时,我们彼此发现,大家早已泪流满面。

下山时,他俩依依不舍地把我送到山坳,圆脸的小战士趁班长不注意,往我怀里塞了一包香烟,要我在山路上解解乏。而因为我不会抽烟,阴错阳差,竟没有收下。当我走出了好远,下意识地回望时,看见他俩依然站在那里朝我挥着手。

从此,每当我看见山头上飘着云,就会想起那小小的哨所,想起我为两个战士的那场演出,想起送我香烟的士兵兄弟。

情场与职场

原创 2017-08-16 马塞洛

因为很早就看过了小说,所以姐妹们在聊电视剧《我的前半生》的时候,一点都不怕剧透。

有多早呢?当时河南路福州路口还有科技书店,买了一堆卫斯理在那里避雨,顺手抄起来,一不留神就蹭看了半本。然而钱都花给她哥哥了,只能隔了一天再去买回来。那是我看的第一本亦舒。

电视剧只看了两集就不追了。一定要说这就是原著党在纠结,我也没办法——衍生出来的剧情,让整部剧的气息都不对了——或曰大不一样了。虽然主角们个个靓丽光鲜,但是当时觉得又时髦又精神抖擞的都会感荡然无存,只觉得浮华、浮夸,还有鸡毛蒜皮、狗鼻倒灶,比看潘虹演《股疯》更不舒服。

听讲后面还有子君自强不息、横刀夺爱的大逆转,随便咯,手动再见。

还是看书好。后来看过的亦舒,只记得《喜宝》和《天秤座事故》。前者有首届亚姐黎燕珊加持的电影,后者是师太难得戏仿家兄写的科幻故事。最近的一本,是《红楼梦里人》。

今人说《红楼梦》,前几年有王说刘说,最近有蒋说白说,私以为还是女人说的最好看。张说不谈了,这本师太说,因为放了她的都会经验在里面,尤其与众不同——拉起来就帮宝玉算下人,一个大少爷,有名有姓的就用了廿余三十人,"薪水食宿由荣国府支付。谁负责调整工人及应付通货膨胀?自然又是当家的二奶奶了。"

袭人回家探母,凤姐让平儿拿玉色绸里的哆啰呢包袱,被现代化为"又看用什么行李,只得一个新秀丽,凤姐便命把那一套路易威登的行李箱子取出来……"

凤姐在贾母生日受了邢夫人的气也只好默默吞下去,是因为老板喜欢的"当然是能做的且又不诉苦的人"……

能考据的都考据了,好容易毕业了,文学课也不想再上,如果不是得了一个前所未有的新本子,这时候来听人讲《红楼梦》,当然是因为对方由自身经验带出来的一点新东西。如果是追剧,都像《权力的游戏》那样气象万千、纵横睥睨当然是奢望,但是,总归想看到一点新格局。

《我的前半生》翻写了《伤逝》的故事——鲁迅也好,《红楼梦》也好,都是超前的,空前绝后的。这么好的底子,一旦打上了阿姨妈妈、家长里短的标签,要洗白都很困难欤。

情场故事也好,职场故事也好,拼的是三观。就算"戏说红楼",想到现代女性的经济与精神独立,亦舒引用的都是张曼玉的那句"你有钱？我也有呀。"——说的是钱,其实是态度。

忽然就好像发现了为什么这些年出现这许多琼瑶戏,亦舒的作品却几乎不动的一个很重要的原因:清装戏与民国戏都是往回看的,而后者笔下的香港,比很多人的体认都超前,动起来也最容易露怯。

好吧,那就都原谅了吧。

参观友谊商店

(原创) 2017 - 08 - 17 王汝刚

上世纪八十年代,上海人民广播电台有档名牌节目——广播剧《滑稽王小毛》,我作为王小毛的演播者之一,隔三差五会去电台录制节目。

那时,电台位于北京东路2号,东面邻近黄浦公园,西面就是名声显赫的上海友谊商店。这里终年人来人往,热闹非凡。每次我路过,总也会不由自主地朝友谊商店看几眼,内心萌发好奇,心驰神往想去游览友谊商店。当然,我也明白,友谊商店的商品价格不菲,不过是想去轧轧闹猛,看看白相相。

不过,这个念头在当时是属于一种奢望的。要知道,在商品匮乏的时代,普通市民是不能够随便进出友谊商店的。它是一种身份和地位的象征,充满了神秘。

机会终于来了。几年后,有关领导布置给我一项重要演出任务:友谊商店即将举办店庆活动,要求我与李九松参加庆祝晚会,并且为中外来宾表演节目。

主办方委派一位办事员与我联络、沟通。这位办事员本着外事无小事的工作态度,主动介绍了一些情况:

早在1952年,为了外事工作的需要,在上海大厦开设了规模不大的"国际友人服务部"。后来,在南京东路东海大厦正式开设"上海友谊商店",成为面向国际友人、华侨、港澳台同胞服务的特供商店。1970年,友谊商店乔迁到外滩原英国领事馆内,这里绿树成荫,鸟语花香,私密性很强。路人只能看见高大建筑物上八个大字:"我们的朋友遍天下"。1985年,友谊商店华丽亮相于北京东路40号。建店多年来,接待外国政要、国际名流数以万计。特别是在政治挂帅的年代,友谊商店为外宾服务可以说不遗余力,不计成本:只用一天时间,为柬埔寨西哈努克亲王赶制5套礼服,为菲律宾马科斯夫人采购1 000只金华火腿,赢得国际友人赞誉。

尽管办事员介绍得很详细,我还是没有头绪,于是,我向他提出,能否实地考察一下,开开眼界。办事员表示,自己无权答应,但是可以向领导请示。

几天后,传来消息,欢迎我们参观友谊商店。不过,涉外单位规矩多,一是必须晚上八点后进店,二是人员不宜多。

我和李九松等人终于踏进了友谊商店大门,发现这里气派果然不同,商品琳琅满目,环境高雅整洁。名特产品、紧俏食品以及进口商品,应有尽有。

当时的友谊商店除了商品供应丰富,政治氛围也很浓厚。有些陈列商品与宣传标语硬性结合在一起,留下一些有趣的场景:迎面的大橱窗布置得十分醒目,商品陈列错落有致,摆设着彩瓷福禄寿三星、漆器工艺大花等工艺品,有趣的是,橱窗上方却挂着大红标语:"坚决支持全世界一切被压迫人民和被压迫民族争取解放的斗争"。

我和李九松犹如刘姥姥进大观园一般,连大气都不敢喘,悄悄地跟着陪同人员享眼福:食品柜台的话梅糖、大白兔奶糖、酒心巧克力;化妆品柜台的珍珠霜;文具柜台的圆珠笔;玩具柜台的长毛绒动物……这些现在看来极其平常的商品,当时都是市场紧俏品啊。九松轻声问:"阿拉能够买点什么吗?"陪同人员回答:"这里不用人民币,只收兑换券。"九松叹口气:"唉,我没有海外关系,哪里会来兑换券?"我与九松打趣:"下个月,我们不要去香港演出吗,你想想办法呀。"九松笑着说:"要么我到香港去认个过房娘?"

经过实地采风,我们对友谊商店有了新的认识,编写了独角戏《友谊花开真鲜艳》,歌颂了友谊商店的职工热情服务的崇高思想,取得了良好演出效果。

随着时代变迁,友谊商店早已褪去高贵而神秘的光环,面对如今物质充盈的商品世界,当年的一段经历,成了恍若隔世的记忆,使我更加珍惜来之不易的幸福生活。

胡问遂先生三二事

原创 2017-08-20 韩天衡

大凡我熟稔的师辈,都具备胸襟、爱心、才情和奖掖后生的高贵品格。而要说到性格,则是赤橙黄绿青蓝紫,色彩迥别,标记鲜明。

胡问遂先生也是有性格的,不过他属于不像有性格而自具性格的那种。我与先生相识于1972年,但最早拜读他的法书则要早十五年。当时我常光顾南京东路黄河路口的工艺美术公司,宽敞洁净的店铺里就张挂着他的字屏。用笔如藤,雄遒朴厚。那股感人的气息叫你挥之不去。

机缘巧合,后来居然成了画院的同事。先生身高挑,性儒雅,沉静而寡言。当然作为后辈,由书论到书艺,只要请教他,他都会轻声轻气而高屋建瓴地跟你阐释,受益良多。他的好脾气,更让我对他敬而不畏。

先生脾气好,相处二十多年,没见他跟人红过脸,争过嘴。记得1980年,一起赴沈阳参加首届全国书法展。当时还没有书协,各路有点地位的业余书家,成了评比的诸侯。上海作者被淘汰的不少,胡先生的法书当然在入选之列。开幕式上,他的那张字却离奇地被动了"手术",将他所书的初字的"衣"旁给剔掉了"一点",反成了错字。我觉得不可思议,颇为愤慨。要去找"诸侯"评理,可他却波澜不惊,反倒劝慰我:"算了,算了,这被剔去的'一点'很明显还看得出来,说明我是没写错的",依旧是一以贯之的淡然。

品格是树干,性格是丫权,同根连枝,本不可分。胡老常跟我念叨,丰子恺院长性格好,品格高,他经历常人不可承受的无休止打击,依旧对"罪行"照单全收,大义凛然,从不推诿、检举、揭发连累同人。约在1982年,中央发文各单位要清理毁销"文革"遗存的全部"黑材料"。上级指令我接受此重任。我在老画院四楼封闭的小屋里,独自阅览、清理了整整四个月,在偌多莫须有的荒诞离奇,要置人死地的检举、揭发、诬陷、告密宗卷里,确如问遂先生所言,彰显出丰院长高尚的人格。诚然也一纸未见胡先生的文字,这些前辈,面对压力,有风骨,清白为人,令我敬仰。在"文革"结束后,要为沈尹默先生举办个人展,而沈老家存的墨迹在"文革"中为避祸,由家人统统浸泡在浴缸里,然后再将这大堆的纸浆从马桶里冲走。个展要办而墨迹难觅。作为大弟子,先生则视为己任,不辞辛劳,四处商借,数月奔波,集腋成裘,终于办成一个足以代表沈老书艺的产生大影响的法书展。

可是,好事多磨,意外发生。他去谢稚柳老师处商借到一件沈尹老临苏东坡《寒食帖》。这是重庆抗战时,沈老亦颇自许、馈赠给忘年交谢师的,至宝难得,平时秘不示人,但谢老交付给他,还拒收借条。可就是这件极品,不几日即不翼而飞,且遍寻无着。这是我第一次见到胡老的愁云满脸。为弥补此闪失,取出自藏的精品诚恳地让谢老挑选,而谢老却坦然坚拒。由借到窃,由赔偿到婉拒,显示了两位长者的超然品格,也为书史上增添了一段佳话。

胡老暮年患顽疾,行动不便,谈吐困难。我时常代表画院到府上慰问请安。他虽寡言少语,但总是正襟危坐,专注地听我聊些画院的话题。而脸上依旧是毫不褪色的淡淡笑容。

今年是问遂先生的百年冥寿,与先生天人相隔了这么多年,可是只要想起他,首先浮起的总还是那鲜活如昨的淡而静谧的笑容。

报应何时了

原创 2017-08-24 陈今夫

1994年,看到读小学二年级的儿子饭后经常要做作业,一般忙到晚上八点左右,觉得他进入了苦海。那时,有次油然联想到自己读小学和中学的七八年里,正值"文革",几乎不读书,实在轻松自在。细想,这是报应吗?以儿辈的日读夜读赎父辈的虚度光阴?为此,还写了篇短文《这是报应吗?》投给《新民晚报》。

此文还提到,学校给学生的负担已经够重了,可不少家长还要另开小灶进补。由于那时知识阶层在社会上的地位实际上并不怎么样,例如老师,就有不少想下海的,感到这种恨铁不成钢的家长这样严格要求子女,并不一定是出于读书做官或有什么远大前程的理想,多半是一种潜在的补偿心理在起作用,即通过子女的优秀成绩,证明自己并不笨。

近年来,我在办公室,经常听到七零后同事相互交流,为子女的中考或高考焦虑,尽管他们的孩子几乎天天都在补课,其中不乏一对一;有的同事小孩,还在上幼儿园和小学,已开始东补西补,也很纠结。我有点困惑,而今无论是老师还是家长,几乎都读过大学,受过高等教育,而我们单位的大多同事还是名校毕业,也不乏研究生。照理说,读过书的人应该知道:"知之者不如好之者,好之者不如乐之者。"或者说:读书效果贵在兴趣和自觉,而能真正要出类拔萃,还需一定天赋,所以古今中外真正的读书人不多。倘若日日夜夜一味死读书,不要说天生不喜读书的人会被折磨得痛苦不堪,没了自信心,就是读书种子,也可能因拔苗助长的读书法而大倒胃口,适得其反。

尽管我们多少明白,现在的应试教育,基本不能使学生好好成才,反而会使他们从此厌学。但家长好像是这样考虑的:现在社会竞争激烈,大学生又这么多,不是名牌大学毕业的找不到好工作。的确,现在大学遍地开花,又由于独生子女,孩子不读大学几乎和以前文盲差不多,所以,大家就像当年"大炼钢铁"一样地"大炼"孩子,弄出来的"产品",恐怕也和当年相去无多。

想想也真可怜,有多少孩子,花了一生十几年的黄金时间,度过那几乎无趣的学生时代,还可能花了一般父母多少年工资以补课,好不容易大学毕业,就算做了个小白领,却不知多少年能收回这笔"投资",能盈利多少,更不要说那难以补偿的心理阴影,以及家长的心血。

值得一提的是,现在补课就像我们年轻时搞运动那样,几乎全民总动员,红红火火,可这种急功近利、拔苗助长的学习法,好像对大多数人也未必有多少用。我不解的是,每年高考成绩,也并没有步步高,是考试内容一年难于一年?

如此这般的教育,不少学校或老师出于短期利益考虑,难以考虑学生的得与失,像做投机生意那样,其动机是容易理解的;而作为众多家长或学生,对自身也如此短视,明知道这样读书就像弄块敲门砖,却不遗余力,有的还惶惶不可终日,就像借高利贷。如果说,以前几乎全民忘乎所以地投入政治运动,而今在网络时代却也身不由己,而且诚惶诚恐,其中生成的原因,值得深思。

我1994年写的《这是报应吗?》结尾是:"我们孙辈将会受到怎样的报应呢?我无以解答。但愿他们能进入正常状态。"而今是2017年,我孙子三岁多了,9月进幼儿园。比起23年前,现在学生的学习压力越来越大,还蔓延到幼儿园,早教的小广告发得不亦乐乎,即可见一斑。

我儿子读的小学、中学都是一般的学校,也没东补西补,基本顺其自然,结果考进复旦大学。虽然他看起来还不至于厌学,高中的书还在书架上,可工作后也不怎么要看书了。我想,这是否以前读书读得已有内伤?

同事告知我,你孙子上幼儿园后,不能像你儿子那样,要开始补课,否则如今几乎人人都在补补补;不补,上学后怎么过关?尤其过老师那一关。这么一说,而且几乎人人都怎么说,我倒有点惶然了:即便我能抵挡,小孙子那几岁的心理能力能承受这疯狂的环境?家里其他人行吗?

我有时觉得有种被绑架的感觉,又为小孙子将进入那比儿子还苦还深的苦海而担忧。如果说,这种疯狂补课仍是我们当年不读书、没书读的报应的话,那么,这批被"大炼钢铁"的孩子,等他们成人后,又会让社会承受何种报应?

"冤冤相报"何时了!

人生不相见

原创 2017-09-05 王辉城

前些天,一发小来上海出差。抽空与他见了一面。几年未见,我们的模样都起了不小的变化,但似乎还有说不完的话。人终其一生,困于情中。这是人的社会属性所决定的,我们在亲情、爱情、友情等关系之中,寻找自己的位置和价值——只有依赖"情网",才能在社会上立足。没有人是一座孤岛。但是,人性又是自私的。我们所依赖的人情,既坚韧又脆弱。

友情的可贵之处,就在于两个没有任何血缘关系的人,羁绊在一起,形成密切又疏离的关系。现代人的友情,来得快,散得也快。现代通信技术这么发达,手机随便摇一摇就能把一个陌生人变成朋友,甚至是有亲密关系的朋友。容易得来的东西,很难会去珍惜,这是人的天性。

古人不一样,他们生活范围小,认识一个陌生人不容易。尤其是读书人,放眼望过去,都是粗糙的汉子、饶舌的大妈,话谈不到一块去,生活就容易憋屈、苦闷。故而,读书人若是遇到一个知己,少则促膝长谈,多则同床共枕。

清朝乐钧在《耳食录》中,记载着这样一则故事:有商人丙、丁两人,感情很好,相约到长沙去合伙做生意。定在某日启程,但丁没有来。丙等了十余天没有见丁,以为丁已爽约,心底不快,于是就一个人去做生意。三年后,丁突然来到。当时,丙已经赚了好些钱,准备回家。丁谢罪自己来晚了,但并没有说明来晚的缘故。他说:"既然你要回家乡,那我就跟着你回去好了。"丙婉拒说:"你千万不要这样。你大老远过来,肯定是有所作为。现在为了我,没有做成什么事,就要回去。这就是我连累了你啊。"丁却坚持与丙同行。虽然丙很感动,但心底也有丝丝疑惑。丁在路途上的行为,打消了丙的疑虑。不管是在路途之中,还是客居旅店里,丁所表现出来的情谊,逾于往日。丁又常常感慨人生聚散、朋友离别之恨。他的话,让人感到凄然,仿若寒冷冬夜听见了呜咽的笛声、对着惆怅的落月听见了断琴之音。

两人到了老家,在岔路上,丁依依不舍地握着丙的手,恸哭而别。丙亦感到凄恻,潸然泪下。

三日后,丙造访丁家却只见他的妻子流泪出来,原来正是当年前往长沙前夕,丁已亡故,弥留之际,还惦记着失约之事……

中元节讲这样一个鬼故事不是为了吓唬大家,正是有了这样的传说,才让人觉得友情的伟大与弥足珍贵。

杜甫有句诗:"十觞亦不醉,感子故意长",意思是说酒喝了一杯又一杯也不醉,朋友的旧情谊,让人由衷感动。人海茫茫,朋友难得一见,自然是要"故人具鸡黍"。这是日常生活里的欢欣和"意外"——年轻人不懂,以为彻夜喝酒就是友情,其实不然。我们的人生随着境遇变化,朋友也有可能渐渐零落,正因如此,当一份曾经的友情又回到眼前,不亲切吗?

"南东"与"南西"

原创 2017-09-07 章迪思

一年前因为工作单位搬迁之故,每日通勤上班地点从南京东路变成了南京西路。路名虽只有一字之差,街区气质却迥然不同。然而在我心中,"南东"和"南西"难分高下,这种有趣的差异,恰恰代表着海派文化的不同面向。

南京东路是热闹而喧嚣的。人影憧憧,旅行社的小喇叭小旗子小帽子之下,是五湖四海的游客睁大了好奇的眼。哪怕是后面几条小马路,也一样有着热烘烘往外冒的原始力。狭窄的马路大多是单行,没有非机动车道和隔离栏,汽车助动车脚踏车和摇着铃铛收旧货的黄鱼车挤做一堆,并头前行,大多数情况下倒也相安无事。

相比之下,南京西路要显得精巧很多。且不说恒隆和中信泰富里的国际一线大牌冒着生人勿近的冷光,沪上最老牌的日式百货梅龙镇,尽管硬件设施日显陈旧,也依然能提供"适适意意"的购物体验——在一楼中庭购物花车里买点日式小杂货,再到底下一层的简餐区吃一碗拉面或咖喱饭。就餐区附带洗手池,单身食客之间,都识趣地彼此隔开一两个空位就座。整洁、卫生、与他人保持适当距离,正是上海人待人接物之道在日常生活中的绝佳体现。

但若就此判断说,南京西路要比南京东路"高级",不免显得浅薄而武断。南京东路虽然略显杂乱,但它是上海开埠历史的见证者,也是近代以来海派精神逐渐成形、沉淀的参与者,是某种类似"上海之根"的存在。而原初、原始的东西,往往具有粗放、蓬勃的特征。这种深植于骨子里的基因,也造就了今日南京东路的气质。

第一次中英鸦片战争后,上海依《南京条约》被列为五个通商口岸之一。1845 年,上海英租界确定西界,即今天的河南中路。1848 年,英租界再次延伸至今西藏中路。1851 年,麟瑞洋行大班霍格、韦伯等五人共同组织上海跑马总会,在今南京东路以北河南中路以西处租土地 80 亩新建花园,花园内侧筑成一条跑马道,以供赛马,即上海第一跑马场。不久以后,因为场地狭小,跑马总会在花园南侧外增筑马道一条。因为这条道路是专供赛马使用而筑,就被上海居民称之为"马路",城市道路称为马路即源于此。为方便会员前往赛马场,上海租界当局又修筑了一条与南侧马道平行的道路,从外滩直抵跑马场。这条马路就是今日的南京东路。

南京东路不仅尊为"马路界"老大,还见证了上海近代史上公共事业、商业、文化等领域诸多新事物的诞生。1865年12月18日,第一次出现在公共路段的煤气灯,点亮了南京东路自外滩至河南中路段。上海老百姓为了一睹神奇的"自来火",围着灯管看个不停。150多年前的那个冬天,上海成为全亚洲第一个使用煤气的城市。

南京路上的"四大百货"人们耳熟能详,每一家百货公司的发家史,几乎都是庶民依靠精准商业眼光和勤勉机警,"走上人生巅峰"的励志故事。而这其中,南京东路,及其所代表的上海,作为一方开放而包容的舞台,也发挥了至关重要的作用。这恐怕也是"海纳百川"城市精神的最早渊薮。

甚至连南京东路周边的若干小马路,包括三马路、四马路,也是藏龙卧虎。由三马路(汉口路)、望平街、五马路(广东路)和闸路(福建路)圈起的文化街区域,曾一度云集了《申报》《新闻报》、墨海书馆等文化出版机构,中文印刷业、出版业、报业、铸字业,乃至革命,皆起源于此,并由此推动近代中国文化走向新页。

南京西路的"精致"基因,似乎也早在一百五十年前注定。南京西路原名静安寺路,始建于1860年代,初是上海公共租界越界修筑的一条道路。从20世纪开始到第一次世界大战爆发以前的十余年间,在上海经商致富的洋行大班们纷纷选择静安寺路兴建大型独立式花园别墅,此后又出现大量公寓和新式里弄。随着人口密度的增加,沿路陆续开设众多商店,渐渐形成商业中心,以高级舞厅、电影院、咖啡馆和时装店闻名。

你看,南京西路在一百年前就是一条为讲究实惠和考究的上海人衣食住行而生的马路啊。

近年来,讲到海派文化和上海文脉,似乎总离不了"西区洋房""梧桐树影"和"旗袍名媛"这些意象,崇尚精致、摒弃粗放,成为一种文化上的不自觉。可我始终认为,只有"南东"和"南西"相结合,才能体现城市历史风云与精神内核的全貌。特别是那种生猛的力量感、于喧闹中抓住机会奋力向上的顽强毅力、对新事物新文化的好奇心和接纳度,是今日上海人不应摒弃的精神之根。

被爱心打动

(原创) 2017 - 09 - 15　奚美娟

那天晚上回家,突然听到阳台上有窸窸窣窣的声音,见阳台窗半开着,就以为是放在那里的小东西被风吹掉了下来,没太在意。接着又听到似乎有微重的扑腾声,这下引着我走了过去想看看究竟。只见暗暗的阳台一角,有一只黑色的鸟,张开着翅膀在地上扑腾。我吓了一跳愣在那儿,这分明是刚刚从十几层高的窗外飞进来的。它比麻雀要大一倍多,因为翅膀张开着,看上去更像是乌涂涂的一只大蝙蝠。这时,希区柯克导演的《鸟》中的场面瞬间在我的脑中出现,心里顿时有些紧张。我一边想着要不要上前把它抓起来,一边却不自觉地惊吓着把隔着阳台和房间的帘子拉了起来。

见有动静,那只像极了大蝙蝠的黑鸟马上又无头无脑地飞扑起来，一下子就从帘子下面飞进了客厅。我战战兢兢追着上前去抓捕，它又到处乱飞，竟然从客厅飞入了厨房。终于暂时安静下来，我慢慢过去拉上厨房的门，从玻璃门外看不见它到底躲在哪个角落。

虽有厨房门隔着，我的紧张还没有完全消失，蝙蝠乱飞的各种电影镜头一直在头脑里盘旋。我赶紧给孩子打电话，告知家里飞进来一只大鸟，看着像蝙蝠，但是我发现它飞不高，可能是受伤了。孩子在电话里安慰我，说：妈妈不要紧张啊，我马上回来，没有关系的。几分钟后，孩子回家，满脸笑嘻嘻地说，家里有鸟雀飞进来是好事呀，不用害怕。见他轻轻拉开厨房的门，让我别进去，自己对着角落里的鸟观察了半天。我问：为什么不快点把它抓起来马上放走呢？孩子回答：不急不急。我看他从筷筒里取出一根筷子，还拿了一把米，然后才去抓起大鸟捧在手中，嘴里还对它吹着柔柔的口哨音乐。我突然意识到这会不会是一只病鸟，马上隔着门让孩子戴上口罩。他说：不用不用。

儿子把那只鸟轻轻放在灶台上，嘴里的口哨声始终没停，还腾出一只手边护着边捋顺它背上的羽毛。我这才隐约看清这个不请自来的不速之客，黑色的羽毛中还带有绿色和一点点金色，好看极了。这应该是一只名贵的鸟吧。

我说，你把它抱出来放生吧，快让它从窗口飞出去。其实心里还是怕万一是只病鸟，万一感染了细菌……前几年家畜传播禽流感之类的事实真是让人不得不多了一根筋。可儿子好像很享受的样子，和鸟凑得很近，还试图用那根筷子让鸟站在上面，还在那儿一粒一粒用大米喂它。我就隔门看着,紧张的心情渐渐放松下来。儿子在厨房亲近着鸟儿的画面,感觉好温馨!

又过了一会儿,孩子捧着那只鸟儿从厨房里出来了,它已经在儿子手中乖乖地待着一动也不动,很顺从的样子。我这才敢靠近仔细观看,真的,这鸟儿的羽毛黑绿金相间,确实漂亮。翅膀收起来后,也不太像吓人的黑色大蝙蝠了。儿子说,我把它拿到楼下小区的绿化地带里去放飞,让它从地上走,不要从我们家十几楼的窗口出去。

儿子捧着鸟儿下楼去放生了。我坐在沙发上想着刚才那鸟在阳台、客厅、厨房扑腾乱飞的样子,还是有点不放心,给孩子打手机询问鸟儿的情况。儿子告知,已经安全地将鸟儿放飞了。他还特意描述了鸟儿在楼下绿化带,在大自然的月光和树木中,一下子就展翅翱翔的喜悦。"妈妈,它不是病鸟,不会传染细菌给我们。它刚才只是吓坏了……"

我坐在那儿沉思半天。谁说现在的年轻人都是利己主义者?冷漠、自私?儿子刚才对待鸟儿的爱心深深地触动了我。比起大人们的瞻前顾后,他们也许更直观,更善于表达。我记得在和孩子闲谈时曾听他讲起:"社会舆论其实并不真正了解我们九零后的所思所想,我的同学中,许多人都是很有理想抱负和爱心的。"

我想,时代在进步,在发展,就一定会有爱的传递和接力者。我们只是应该给予更多的发现、肯定、爱护。长江后浪推前浪,这是历史的必然。

活在期盼里，就是快乐

(原创) 2017-09-18 陈美

今天是本学期最后一次教研活动，教研员照例要给我们全区的初三语文老师分析这次期末统考的情况。

她首先打出了一张表格：特困生的转变。

有十几个孩子，分别隐去了姓名中的一个字，列举了八年级的一次成绩和这一次的一模成绩。我看到大部分原先"大红灯笼高高挂"，现在达到及格线。在原因栏里，分别标注着智力、态度等。其中一个同学写着"有证"，一个写着"无证"。该生的老师介绍说，那"证书"是医院开具的，证明其智障，随班就读，成绩不算入班级。那"无证"的同学，小学时，是有的，到了中学，家长死活不肯去医院开"证明"，觉得那是一张死亡判决，所以就一直拖着。

我想到了我的一个同事,三十好几了,才得一子,不料先天自闭,比同龄人晚一年入学,10以内加减法,复印了上百份,还是东错西错。更恼人的是,上课时大喊大叫,动辄打人。同事,没有办法,常常请了假,陪儿子坐在教室里一起学习,帮忙记笔记,做游戏。

老师们建议她把儿子送到特殊学校去,这样孩子会得到更人性化的关照,可是她不肯,她说,也许会发生奇迹。

看着PPT上一长串的名字,我仿佛看到了一群饱经沧桑的父母,他们奔波劳碌,却忧心忡忡;他们始终满怀希望,却屡屡被现实击得支离破碎,遍体鳞伤。

和我一起的晓燕感慨地说,这世界有多少忧伤啊。

我说,是啊,一样的父母。

所以,你知足吧,还嚎啕大哭呢。晓燕顺势宽慰我。

前天,儿子寒假结束,赴美继续学业。我借故上班,没送他去机场。他爸爸也只是送他到静安寺的航站楼。他受不了独自从浦东机场开车回来的孤寂和落寞。

我下班回家,堆满茶几的各色充电器、手机、糖果糕点不见了,只剩下两盆水仙孤零零地开着,默默地发着幽香。推开儿子的房间,整整齐齐,一尘不染。电视机、空调都不是待机状态,连床头柜上台灯的插头都拔了……

泪水奔涌而出,我知道,儿子已不属于我的了。

我怎么那么傻,总嫌他生活起居没有规则,一觉睡到十点,然后免了早餐;嫌他不懂得收拾房间,写字桌上堆满杂物;

嫌他同学聚会太多,在家没吃几顿;嫌他……

现在,面对空落落的屋子,心想,那些"烦他"原本就是上天赐予的幸福。

我恍然,孩子,不属于我们,他只是我们生命里的一段陪伴。

我收敛了眼泪。

教研员范老师说,今天,我打出了这些学生的任课老师的名字,是想向她们表示感谢和敬重,真诚地道一声:老师,您辛苦了。

我知道,这份成绩单里,凝聚了老师多少的耐心、爱心和恒心。她们殷殷地望着这颗坚硬的种子,让阳光晒它,用清泉润它,用泥土捂它,甚至用掌心捧它,日复一日,年复一年……

我也曾这样对待"若愚"同学,可他就是无动于衷。一首律诗,和他一起背诵了70分钟,他只记住了首联,而满盒子的巧克力豆已下去了一大把。我暗地里笑话他父母,怎么那么有先见之明,知道儿子"若愚"呢。后来,我读到台湾张晓风老师的文章《念你们的名字》,我才领悟到,名字是天下父母满怀热望的刻痕,这一两个美丽、醇厚的字眼,简直就是一篇简短质朴的祈祷!"若愚"乃是蕴含"大智"的企盼啊。

我不禁轻轻地读PPT上的名字,"陈×文""唐×杰""周×圣"……我虔诚地品味这些孩子的名字,我恭敬地省察这些孩子的名字。其实,每一个名字,无论雅俗,都自有它的哲学和爱心。

我忽然理解了他们的父母,虽然辛苦于其他父母,但他们是一样快乐的,因为人是活在盼望里的。

那么,这个世界,不该满是忧伤,至少悲欣交集。

我赞叹范老师的智慧,给了我们醍醐灌顶的启迪。

对 2018 米其林说几句心里话

原创 2017-09-21 沈嘉禄

作为上海进一步迈向国际化的一项味觉指标,由法国人主导出版的《米其林指南2018年上海版》于9月20首发。这本俗称"红色宝典"的小册子去年首发的时间是个艳阳高照的大晴天,今年提前一天举行,似乎要与上海的绵绵秋雨来一场约会。不是有吃货说嘛,下雨天,唯一能安慰自己的就是一顿饕餮大餐。

小册子最最吸引人之处,当然是公布星级餐厅的榜单。据说在极为重视个人名誉的老欧洲,每年颁奖会的当天,就会有一两个因餐厅摘星后觉得无地自容的大厨饮弹身亡。去年我是颁奖嘉宾,首秀现场一片红光,像小时候身处照相馆的暗房。

我对米其林美食评判体系落户上海是热烈欢迎的，在三十多年来五花八门的关于饭店与美食的评比活动中，它曾经是受商业干扰最少的一种，奖牌的含金量最高。美食侦探以隐身人的姿态出没于上海的各个角落，每一次品尝都必须买单，开具发票，回家写报告，也使我们这类所谓的美食家备感压力，同时荣耀倍增。压力，是因为多了一种看上去极具权威的声音，荣耀呢，如果我们的观点与米其林美食侦探们的结论发生冲突，老百姓总是倾向于我们。

去年，当坐落于新天地的唐阁一举摘得三颗星时，许多上海人都不买账，嘘声四起，但也说不出什么反对意见，因为大多数没去过。群众呼声最高的黄鱼面只是被推荐，星光怎么也照不到。大肠面、耳光馄饨、阿大葱油饼、美心的宁波汤团、眷村的糍饭团、黄姐的粽子、光明邨的鲜肉月饼等等一一应声落榜。所以有人认为米其林榜单严重脱离群众，也不是没有一点道理。但是我们也要充分体谅米其林，放在三十年前，当我们还要凭计划购买大米、鱼肉、蔬瓜甚至一块豆腐时，会想到有朝一日派出专人一本正经地为一家餐厅的菜肴和服务质量打分吗？会想到自己一家人可以随随便便去24层楼的国际饭店举办生日宴会吗？国家经济发展了，人民群众富裕了，一切好白相的游戏规划才有可能落地，大家一起玩得开心。法国人将米星给了社会餐厅，档次有高有低，一方面照顾到大多数民众的消费能力或消费意愿，另一方面也在努力引导已经形成或正在崛起的白领阶层理性消费。当你计划去吃一顿有关面子、有关业务、有关爱情的晚餐,在大众点评之外,还可以翻翻这本小红书。

再告诉各位,《米其林指南上海版》真的还相当薄,一副弱不禁风的样子,法国人送过我一本法国版的小红书,厚到可以将你的脚敲成骨折。

言归正传,说说今年上榜的星级餐厅吧。唐阁仍然三星,而且他家在香港也上了星。新科状元是 Ultra violet(创新菜),从二星荣升三星,不过自去年上星以来我一直没去过,不知他家浪漫的西洋风情味道如何?二星餐厅变化不大,去年是 7 家,今年剩下的 6 家保持荣誉地位不变。一星的餐厅去年有 18 家,今年增加到 22 家,新晋的是 Bo Shanghai、Jean George、大蔬无界(外滩)、甬府。大蔬无界去年只是漫不经心地推荐了一下,我很为他家抱不平,这家店我是认认真真品尝过多次的,引进先进的烹饪理念,厨师敬业,精工细作,富有想象力,出品绝对好。甬府是很有口碑的一家浙江风味饭店,对食材的选取也是不惜成本的。想想上海的宁波风味馆子已经所剩无几,就应当谢谢米其林的"发现"。两家洋餐厅没去过,不作评论。

推荐名单中也没大的变化,我觉得美食侦探在上海的工作还须加把劲啊。最近一年上海新开的饭店至少也有一千家,上海的饭店总数已经突破四万家了,各大商圈的营业额都靠餐饮这一块撑市面,你们的脚头得勤快点,人数不够,可以多招几个上海人,或香港人,本土化战略可以让《米其林指南上海版》的视野更加开阔,质量更加上乘,指南更加精准。

十年前法国人准备在上海落地米其林星级评判体系时,我在家里设便宴招待米其林出版社国际部主任德昆先生,他挑剔地吃了我烧的菜,参照米其林美食侦探必备的一切条件,当场决定:如果……一定招聘我为美食侦探。当然,酒桌上的话向来不作数,法国人也一样。

说到底,老外的那一套落地中国并不难,难的是让他们真正了解中国,包括了解中国的餐饮文化。不过话再说回来,米其林也不失为一项可以参考的指标。他们开张以来,我也没听说过某个人向他们打过招呼,让谁谁谁上星,或者让谁谁谁摘星。倒是去年刚刚摸到一颗星的某家餐厅,因为证照不全,照样停止营业。看,这就是大上海!

冯骥才 拉着生命的马车不放手

(原创) 2017-09-23 郭影

75岁的冯骥才是个大孝子。多年来,只要在天津,他每个周二周六晚上一定提前一小时下班,去看母亲。他说,母亲老了,我要把她当女儿珍惜!而母亲则提前梳妆打扮,有时穿上旗袍,等候儿子……

一、孝子冯骥才

冯骥才是个大忙人,写作,绘画,投身文化遗产和古村落保护工作,带研究生和博士生……可冯骥才身边的工作人员都知道,平时只要他在天津,周二周六这两天的下午5时后,他们是不会打扰、耽搁他的。

冯骥才说,一般去北京等地的短途出差,他都不告诉母亲,以免老人家惦记。"必须给她安全感,让她知道,我随叫随到。"如果出差时间长不能去看母亲,他会每天给母亲打好几个电话,随时"汇报情况",让母亲心安。

儿子去之前,99岁的冯母必定梳妆打扮,有时还穿上旗袍,等候儿子。儿子自然领会母亲的心意——希望以最好的状态、最佳的面貌和儿子相处,让儿子觉得她很精神,很健康,让他放心。

冯骥才动情地说,现在母亲是我的女儿!母亲老了,我把他当女儿一样爱惜她,搁在手心里,保护她……

记者问他:"19日那天是周二,您陪伴母亲的日子,您一整天在会场,研讨会晚上7时多才结束,没能去看老人家,妈妈怎么说?"冯骥才拿起手机,快速滑动屏幕,满脸笑着说:你看,她一早给我发来微信——今天风和日丽……我心系大会。这是一封简短的贺信,母亲对儿子的关心、信任、自豪和开心之情从屏幕里扑面而来。

提到母亲,冯骥才的表情是柔和的,暖意十足的,他又从手机里找出一张照片给记者看,"我母亲前几天刚出院,这是和医生的合影。"照片里,老人微笑端坐,银丝柔顺,戴一条水粉色长丝巾,眼神清透,清雅温婉。冯骥才说,"母亲马上100岁了。我要和家里人商量给母亲过生日。"看着妈妈的照片,聊着和妈妈相处的时光,冯骥才时而像个大家长,时而又像个小孩子。

二、赤子冯骥才

一湾池水锦鲤悠游,一座明代木结构门楣,木质斗拱飞檐,徐志摩塑像静立树间,几何形状的架构空透处的天空蓝得纯粹。这里是天津大学冯骥才文学艺术研究院,现代主义风格掩映下的一个微型村落,这里承载着冯骥才的人文理想。一墙之隔,走进院子,人就会霎时安静下来,随着它的创建人一起,慢下来,思考,审视。

冯骥才是著名作家,同时也是颇有造诣的画家。上世纪九十年代初,冯骥才在全国举办个人巡回画展,画展间隙他总爱四处逛逛,探访当地有名的民间艺术。一次民间采风中,他发现,传统历史文化遗存亟待保护。从那时起,他冲到田野里去,到民间去,开始另一个事业。

冯骥才一直在和时间赛跑,为各项文保事项闪转腾挪。文化遗产保护领域缺乏专家,他便身体力行,"把书桌搬到田野上",带领专家组奔波在田间地头。筹措资金出现困难,他一着急就卖画。1991年12月,在周庄发现柳亚子南社的活动场所——迷楼面临拆除,他立刻卖画促使其得以保存。这些年,为了保护文化遗产,记不清卖了多少幅画。研究院刚创建时,冯骥才邀请莫言和余华前来,说话间有人找他谈文化遗产保护的事,他放下电话,撇下两位老朋友,坐车去了北京。

冯骥才说,2013年在法国演讲时说要保护中国的古村落,法国人不相信他已70岁出头。他说:"我也经常忘记自己的年龄,忘记年龄的人永远是年轻的。这里有两方面使然。一是,我永远与现实,与生活,与生活的前沿,与生活的问题纠结在一起,我一直在生活的漩涡里,不会觉得自己老了。二是,我在大学里,与年轻人在一起,培养研究生、博士,充满活力。"

充满激情的冯骥才说自己是个理想主义者和唯美主义者,他的理想是文明,"我所有的写作、所做的文化遗产保护都是为了更加文明。"

三、汉子冯骥才

冯骥才的朋友们都亲切地叫他"大冯"。在大家的眼中心里,所谓"大",不仅因为他身材高大,也因为"他的生命和事业确实是大的,是辽阔的",他的格局和气度是大的,他有真正的家国情怀。

冯骥才是一位杰出的作家。他是中国新时期文学的重要参与者和推动者,他的《铺花的歧路》《啊!》《雕花烟斗》等小说被认为是"反思文学"的代表作。他的《三寸金莲》《炮打双灯》《神鞭》等,从地域传统和民间经验中别开生面,创造了传奇性、具有丰厚文化意涵的艺术世界。

冯骥才是一位中国文化遗产的执着守护者。他意识到不管经济变化来得多么快,多么令人欣喜,有些事物必须珍重地传承下去,那些古老的建筑,那些凝结着前人的灵感和心意的雕塑,那些世代相传的故事和歌谣,这一切都是美好的,是我们得自前人也必须留给后人的宝贵财富。现在,中国已将每年6月的第二个星期六定为文化遗产日,而冯骥才正是设立文化遗产日的最初倡议者。

冯骥才说:最有力量的是我们的脊梁,知识分子是脊梁里最有力的那块骨头。我今年75岁了,不知不觉进入人生的下一个季节,如何演奏好这一乐章,必须要总结自己,要活得明白。我自己还有理想,挚爱真善美,关切天地人。我是跨界的,大家说我赶着四驾马车:文学、绘画、文化遗产保护和教育,这些年,我拉的每一驾马车都没有放手,我也不会停止。

传呼电话记趣

(原创) 2017-09-27 陈建兴

最近新一代 iPhone 又发布了。与同事聊天,话说到了从前。有人说:"老早阿拉屋里厢呒没电话,是电话亭老阿姨用电喇叭去叫电话呃。侬想想看哦,礼拜天早浪相,觉还呒困醒,老阿姨就大声地叫喊,崩溃哦!"这真真切切反映了上海弄堂、新村居民生活的一个侧面。

不少传呼电话间木板房搭建在弄堂口或过街楼下,只有二三平方,木板房开扇窗,窗檐下搁块木板,上面放着两只电话,一只是老阿姨接电话的,一只是给人打电话的。那时的电话号码是六位数的,电话座机是黑色,拨盘形的,用手指在拨盘的阿拉伯数字的圆洞里,沿顺时针方向拨到位,拔出手指,等拨号盘转回到头再拨下一个数,一个电话六位数,要重复六次这样的动作,遇忙音,再重复上述动作。传呼电话只能打市内电话,打外地叫长途电话,只能到静安寺的长途电话局去打,电话间服务时间是早上七点到晚上九点。冬天没有取暖器,老阿姨抱着个热水袋,夏天没有电风扇,蒲扇摇个不停。

老阿姨和蔼可亲,脚头勤,走路快,大多由善于打交道的中老年妇女担任,工资低廉却十分乐于为弄堂人服务。虽然文化程度不高,但非常"拎得清",听到人家的隐私不会私下乱传,不好的、不吉利的事体也懂得婉转表达。谁家有老人在医院去世了,打电话回家,她们不会直白告诉你家里老人走了,会讲:"老人在医院病蛮重的,侬心里要有数哦,快点去医院吧。"知道人家女儿朋友谈崩掉了,她们会关切地问:"奈女儿这几天电话少点了嘛。"于是,人家一五一十把情况如数家珍地告诉了她,老阿姨劝上几句又忙着去传呼了。

老阿姨喊传呼电话,手里捏张小纸条,上面写有被传呼人的姓名和电话号码。传呼有两种形式。一是向居民传达某个事体,不需回电,收三分钱传呼费。二是小纸条上有回电电话号码,让居民打回电,打回电 4 分钱。她们知道每户人家户主的姓名和单位。老阿姨的喉咙"乓乓响",叫一个人的电话,左邻右舍都能听到,纷纷从窗子里探出头来,一听不是自家的电话,头又马上缩了回去。"39 号老爷叔,奈儿子不回来吃夜饭啦。"隔壁邻居就晓得伊拉儿子在"谈朋友"了,"40 号沈家姆妈,崇明女儿明朝下午要回家了。""21 号丁伯伯,奈儿子来电话,讲伊拉肚子了,在同仁医院吊盐水。"

老阿姨还会讲宁波话、苏北话和本地话,有什么急事叫"救命车"和"救火车",老阿姨是不会收费的。老阿姨对家家户户的情况了如指掌,有时一只电话打过来,阿姨一接电话,就知道对方是啥人,她们跑到人家楼下哇啦哇啦一叫:"三楼蒋阿姨,奈无锡的女儿来电话了,侬快点去听。"如果碰到屋里厢没有人,老阿姨会把对方讲的事体用一两句话简单写在电话亭内的小黑板上或者写在小纸条上,等人家下班了,老阿姨会再上门去传呼内容或关照事体,收三分钱传呼费。

在电话机旁等回电的人,心也是不定的,有时等了半天也无回电,只好再打一只电话过去,对方阿姨说电话间太忙了,答应马上去传呼。过了一会再打一只电话过去,对方阿姨说:"家里没人。"打电话的人把电话重重地摔在搁板上,却滑了下来,一根长长的电话线牵着转动着的听筒,那人却扬长而去了。

有时电话旁几个人都在等,电话铃一响,同时有几只手去拎听筒,一听不是自己的人,忙不迭塞到另一个人手中。有时铃一响,有人拎起电话就叫"姆妈",一听是个男人声音,"哦,不是我的。"有小青年来听电话,拿起电话就说,说了半天话,却是把听筒当话筒,拿反了,惹得排队打电话的人笑成一片。

有一次我打电话,旁边通完电话的人没看清楚,就稀里糊涂将他的听筒搁到了我通话的座机上,"啪"的一声,我的电话被他打断了。我张大着嘴看着他,起先那人被我看得还有点莫名其妙,我努了努嘴,那人一看电话才恍然大悟,连忙道歉,还拿出四分钱让我重拨电话。

——"侬好,这里是××弄电话间,侬寻几号啥人?"

——"哦,晓得了,阿拉马上去叫伊听电话。"

这样的画面,这样的场景,曾经如此熟悉的对话,如今早已走进了历史。

辛苦的"老老板"

原创 2017-09-29 徐根宝

这5年,我大概是全世界最辛苦的"老老板",从一家中超俱乐部老板,变成了西乙俱乐部的所有人。为了足球,我在欧亚大陆的东西两头来回奔波,每次单程飞行13个小时再坐5小时车,在西班牙度过两个春节……身心俱疲,但为了能继续追逐足球梦,我又乐在其中。

为什么叫"老老板"?刚好就在这时间段内,我度过了自己的70岁生日。这个世界上超过70岁的有钱人很多,忙忙碌碌的老板也不少,但是像我这样一直不停地忙,还没什么钱的"老老板",应该讲少之又少。我没钱,但我有财富,我的财富是人——一批又一批踢球的孩子!

2012年,我担任俱乐部主席的上海东亚队跻身中超联赛，我也就成了一支中超俱乐部的老板，大概是当时最穷的中超俱乐部老板。市领导来基地调研时，我们大胆地提出了"631"目标，即：在中超第一年争取进前六，争取第二年进前三拿到亚冠资格，第三年争夺冠军。我们提的是"争取"，队内的最低指标是"963"，后来的两个赛季，我们都实现了：第一年第九，第二年第五……成绩背后是巨大的压力，我要面对的客观现实是：当时中超的竞争对手，每年投入已经提升到好几个亿，甚至上十亿，在这样的竞争格局下想打亚冠，甚至想夺冠军，靠我的个人能力和原有的合作模式已经不行了，那一段时间可以说为了球队的未来一直在愁，最终在各方支持下，我将球队连同两个年龄段梯队卖给了上港集团。

后来连上港的领导看到我都说："根宝，现在中超投入都是天文数字，当时卖球队的价格你吃亏了。"但我并不这么认为，我这样做是为了完成向市里承诺的目标，更是为了这批日益长大的球员未来前途，圆他们的冠军梦，也就是圆了自己的梦。非常高兴上港队这几个赛季的表现越来越出色，今年在三线向冠军冲击。我本人也依靠这次转手，彻底解决了2000年开始搞青训的贷款负债问题，还留下了基地和一支年轻的球队。这里特别值得一提的是，在上海市体育局支持下，我们基地球队通过"政府购买服务的方式"，实现了全运会上海男足三连冠（2009年全运会男足甲组、2013年全运会男足甲组，以及包揽2017年全运会男足U20和U18两个组别），我们留下的这批少年球员也通过全运赛场成长起来，为上海争光了。

2015年我用出售球队剩余的钱,购入了一家西班牙第三级别的联赛球队,是半业余性质的。这也是我慎重考虑之后做出的决定,足球对于我来说是"扑不灭的火焰",逐梦的步伐是不会停止的。现在这批孩子要超越我创办崇明基地培养出来的第一批武磊、张琳芃等球员,必须要有好的平台,去海外锻炼,以及在国内联赛锻炼,都是可以选择的方向,当然,锻炼的平台越高,就越有可能出顶尖人才、球星。经过一年半的努力,我收购的洛尔卡队冲上了西班牙第二级别的职业联赛,这也是他们历史上的第一次,西班牙的媒体都有报道,为中国足球扬威,也为我们崇明基地的球员,将来登陆西班牙足球联赛,学习先进理念,接受更高水平锻炼,打下良好的基础。

老上海记忆中的"中央商场"

原创 2017-10-12 杨忠明

南京东路上的"中央商场"经过改造升级,变身全新时尚地标"外滩·中央"于国庆期间开门迎客。老上海人对中央商场并不陌生,它和美伦、新康、华侨大楼等经典老建筑一起,承载着几代人的记忆。

中央商场附近的德大西餐馆牛排、咖啡、色拉的浓香,沙市路上传统味道生煎馒头、咖喱牛肉汤面的滋味一直在我舌尖留存。小时候去外滩玩,总喜欢去中央商场里面兜一圈,这里四通八达连着周围的马路。里面的小商品真多啊,从钢精锅子电灯泡、毛笔圆规日记本、中西乐器旧餐具,到收音机留声机、电风扇望远镜、汤婆子热水袋、篮球鞋照相机、皮夹克板烟斗、指甲钳打火机、军大衣旧跑鞋,五金用品样样齐,棉毛衫裤从不缺货,大多是新品,还经常有"处理品、等外品、外转内"抛来这里不顾血本便宜大甩卖!有时,物主们放开喉咙急吼吼的叫卖声甚至淹过了海关大钟的敲钟声。

这里是老上海百姓们的购物胜地,是上海人家喻户晓的淘宝场和修配地,几乎没有中央商场的老师傅们不能修的东西。曾见一个青浦老伯为了来中央商场修理一只款式老旧的半导体二管收音机,还借八仙桥小旅馆住了一夜。这里也是黄金地段的"平民乐园",比虬江路、淮国旧、华亭路东西便宜更有诱惑性。走累了,往小吃摊、咖啡馆里一坐,吃吃喝喝,看看街景,上海人叫:惬意得来!

这里的赤膊电池也是上海滩上出了名,喜欢淘便宜货的上海人会经常来此"轧闹猛"。星期天的中央商场更是人山人海,挤得人头昏脑涨鞋子踏脱,白袜子进黑袜子出,心急慌忙小囡走散,急得小孩坐在地上哇哇哭……上世纪七十年代末还有人在中央商场外通宵排队,希望能买到市面上十分紧俏的四喇叭收录机,和现在某款手机新品发售、某限量版球鞋发布时年轻达人彻夜排队有的一拼。

我有一个新昌路祥康里的老邻居叫宋朝平兄的,就曾经住在中央商场旁边的华侨大楼上,每天有事没事总喜欢下楼转一圈,看看玩玩,买点吃吃,十分乐惠。

我父亲也喜欢来中央商场淘货,他曾告诉我,二战结束后,美国大兵喜欢拿些旧的日用品卖给摆摊小贩,地摊上出现了洋古玩、旧书、皮带、指甲钳、派克钢笔、眼镜、打火机、手表,还有奶粉、罐头、巧克力、洋酒等进口食品,品种繁多,热闹非凡,让你只恨自己皮夹不厚钱太少。父亲在此地用几块银元淘到过一只美国海军夜光潜水手表,一戴就是五十年,分秒不差,还买过折叠式的军用铁铲用来种花铲土,一大箱威士忌洋酒、几十张老式外国经典乐曲的胶木唱片,一只军用打气煤油炉……

根据记载,中央商场形成于1945年底。当初只是流动小商贩聚集在中央弄(今九江路100弄)摆设地摊,出售旧日用品。该弄地处闹市又邻近外滩,逐渐形成一个"弄堂"市场。抗日战争胜利后,美国剩余物资以及大批走私洋货麇集市场,小商、小贩猛增,地摊扩大到中央路(今沙市一路)和新康路(今沙市二路)一带。1948年,竺达夫在此开设了新康联合商场,内设柜台99只,每只柜台以五两黄金出顶,连同中央弄一带形成中央商场,成为一个专门倾销美国剩余物资和洋货的市场,有的交易以美元计算。

又听曾在洋行里工作过的孙老伯伯讲,上海中央商场这一地块原属屈臣氏公司和八巴利洋行等公司拥有的房地产,后来被英商新康洋行和中国中央银行购买后建造大楼,几幢大楼的十字路口的底楼全部出租给商家,四川路南京东路转角大楼底层被改建成室内市场,即最早的中央商场,后来与外面沿街的市场一起形成了一个规模较大的小商品市场,抗战胜利后美军发量剩余物资都经过中央商场来削价处理。1957年后,部分个体商贩经过公私合营后在此营业。沙市路上的小吃一条街有卖大饼油条、锅贴、生煎包、油豆腐细粉汤、海棠糕、赤豆糕等上海人喜欢吃的点心,增加了中央商场的人气。

升级后的外滩·中央还专门设立了照片墙,上面有上世纪50年代、70年代、90年代的中央商场老照片,新老上海人都可以去那里领略老建筑的新风貌。

爱夜光杯
爱上海
2018

第四辑

你可以哭一会儿

原创 2017-11-01 姚霏

今年,女儿果果正式开始幼儿园生活。去年,由于时常生病,果果"三天打鱼、两天晒网"地上完了托班。小班换了园区,环境、人物都是全新的。尽管果果不像去年那样强烈排斥上幼儿园,但多少还有点抵触情绪,哭哭啼啼的像极了那几天的天气。那天早上,我送她上学,遇到了新同学敏敏和她的妈妈。敏敏问妈妈:"妈妈,我要是想你了怎么办?"妈妈说:"你可以哭一会儿。"我惊讶于这位妈妈的回答,转瞬一想,这是多么棒的态度啊!

潜意识里我们总会回避一些负面的事物,比如恐惧、悲伤,比如疾病、死亡。

小蔷是我新结识的朋友,一个临终关怀社工。因为调研的需要,我请她给我讲过她和服务对象之间的故事,其中也有一个关于孩子和哭的故事。那是一对相依为命的母女。母亲进入小蔷服务的临终关怀病房时,已经时日不多。出于临终关怀的"四全"原则,临终关怀社工服务的对象不仅是临终病人,还有他们的家属。小蔷默默观察过那个孩子。那是一个小学三四年级的孩子。她知道自己母亲病重,每天放学会过来陪伴母亲。但一个10岁的孩子还不能完全明白陪伴的意义和方式,加之总有一些母亲的朋友、学校的老师来探望,她大多数时间只能一个人默默站在一旁。

小蔷注意到一个细节。几乎所有探病的人都会和孩子说上几句,例如"大家都在帮你,你一定要乐观","你要坚强",那个孩子会很乖地点点头,然后微笑。在那个躺着临终母亲的病房里,一个孩子需要不断地微笑。小蔷非常不喜欢这样的安慰,她会告诉孩子,不想笑的时候可以不笑。很快,病重的母亲去世了,孩子没有见到母亲的最后一面。虽然社工和服务对象一般不能加微信(因为微信朋友圈中有私人信息,容易让社工和服务对象有服务之外的关系),但因为孩子没有别的联系方式,在获得社工机构同意之后,小蔷还是在屏蔽朋友圈的情况下用微信联系了孩子。

在葬礼前一天,小蔷问孩子,你想我陪你参加葬礼吗?孩子想了很久,说想。在那个母亲的追悼会上,因为一些特别的仪式,要求所有人绕着遗体走几圈。小蔷注意到,整个过程中,孩子没有看过母亲一眼,甚至全程没有掉过一滴眼泪。是因为母亲的形象变化太多,让她害怕?还是她从内心深处拒绝承认母亲已经离开?不管怎样,哭泣都可以让这些情绪得到释放,但她没有哭泣。

之后很长一段时间,小蔷都和那个孩子保持联系。在微信上,小蔷问她,你知道妈妈去了哪里吗?她说,去了天堂。小蔷又问她,谁告诉你的?她说,老师们。那你相信吗?我相信。后来,那个孩子就住在孤儿院里,再后来,有亲戚收养了她。看得出,孩子已经慢慢接受母亲去世的事实,但小蔷始终觉得,如果孩子在一开始就能把内心的哀伤、恐惧都发泄出来,可能会更好。

去幼儿园接果果的时候,遇到另一位妈妈。她对孩子说,你怎么又哭了,其他小朋友都不哭了。老师立刻打断了家长的话,对孩子说:"哭怎么了?就应该哭的。突然换了一个环境,我们还没有习惯,对不对?"是啊,我们什么时候能够尊重"悲伤"的权利,让"哭"成为"笑"一样值得鼓励的事情?

何处养老

(原创) 2017-11-05 李动

耄耋之年的老父患病长年住院,母亲独守空房孤独地料理自己。冬天郊区气温更低,母亲却不愿意开空调,我反复关照不要在乎钱,一定要开空调,对血压好,但母亲却说不冷。

那年年底,打电话问候母亲,听说她躺着不想吃东西,我知道母亲很要强,她起不来一定是病了,开车赶到康城,拉起母亲送到瑞金医院,结果母亲高烧39.7度,已经发烧好几天,马上住进了医院,心想多亏及时送进医院,否则后果不堪设想。

母亲住院时,姐姐陪夜,上午我照顾,下午哥哥照看,3人光轮换还感到忙不过来,她出院了怎么办?母亲坚决不愿请保姆,她体谅小辈的难处,知道我们忙于工作与照顾孩子压力甚大，多次提出去养老院。找了多家养老院，都不甚满意，最后哥哥托人找到虹桥机场附近的一家养老院，过去一看，有水有绿，环境甚好，正中下怀。

母亲出院时，我们直接将母亲送了进去，挑了一间朝东的单间，三下五除二地办完手续，我们才安心离去。不管多忙，我每星期六上午必到养老院探望母亲，她嘴里说你忙就不要来了，打个电话就可以了，但我去得迟一点，母亲就会打电话来询问来不来，我知道母亲是盼望着我的到来。

每次去疗养院，母亲都念叨着养老院的好，不是说有什么困难找护工，她都热情解决；就是说医生经常上门询问身体情况，测量血压。早餐特别丰盛，有包子、豆浆等各种小吃，中午与晚上也吃得很好。我每次去探望母亲必吃午餐，价廉物美。听说区政府贴了不少钱，打心眼里感谢政府资助养老事业。

母亲不仅吃得满意，精神上也颇为充实。过去母亲一人在家，没人说话，甚觉孤独。我们最多每周去探望一次，坐一会儿，吃顿饭就拍屁股走人。母亲查出脑血管有点堵，为防止老年痴呆，医生建议她多看报刊电视，但母亲却说眼睛不好，想听听收音机。于是，我买了收录机和许多老碟片。她听了苏联老歌特别高兴，想起了上世纪50年代年轻时许多往事和同事，可惜同事都老了，只能通通电话，难以谋面。

养老院还组织老人唱歌和跳舞，还给每人买了大红大绿的表演服，我不敢相信，母亲没有一点文艺细胞，缺少表演天赋，竟然会登台表演。那天养老院给9月份出生的老人举行集体生日聚会，我应邀参加，并被选为最佳孝子。先是照相留影，之后是看录像，最后是老人上台表演节目。没想到母亲竟然上台表演了唱歌和跳舞，虽然她唱歌只是动动嘴唇，跳舞的动作有些迟缓跟不上节奏，有点滥竽充数之嫌，但我见到八十多岁满头白发的老母登台表演，心里甚为感动，眼睛有点发酸。

我作为家属代表上台发言和表演节目。我有感而发，经常听母亲唠叨养老院好，也没有在意，反正我们花钱住进来，是有契约的，你收了钱应该为老人服务，但是今天养老院免费请了七桌丰盛的生日晚餐，又是拍照，又是吹生日蜡烛，还组织老人表演节目，真的很感人。我献上《同一首歌》，以表达对养老院所有员工的感激之情。每次离去，母亲总是穿上外衣送我到大门口，目送我慢慢消失的背影，每次回眸都见满头白发的老母孤独地伫立着，心里有种难言的酸楚，好在养老院令人满意，也就放心了。

是的，上海已步入老年社会，养老院已成为老人养老不可或缺之地。过去人们总以为将老人送到养老院是不孝之举，老人也对养老院有所顾忌。但没想到现在不少养老院办得有声有色，他们的周到服务，不但解决了老人的生活之忧，也解除了后辈的后顾之忧，使老人安心，晚辈放心。如今朋友聚会时，聊得最多的话题是养老问题，我们这一代都是独生子女，小辈们自顾不暇，怎么还有精力照顾父母？我们已达成共识，到时约上几位好友一起选个养老院，聊聊往事，打打麻将，互相照应，安享晚年。

因为火炉,想念北京的冬天

原创 2017-11-08 冯唐

有时候,人会因为一两个微不足道的美好暗暗渴望一个巨大的负面,比如因为一个火炉而期待北京一个漫长而寒冷的冬天。

我怕冷,我把我怕冷的原因归结于我从父亲那边遗传的基因。我老爸生在印尼,长到十八岁才回国,十八岁前没穿过长裤,更别说秋裤了。北京夏天最热的时候,我老爸带我去龙潭湖游野泳,我下水没几分钟,上来,面朝下最大面积地平摊在水泥湖岸,后背最大面积地接受阳光,两瓣小屁股还是冷得筛糠一样颤抖,仿佛一条刚从湖里打上来的大鱼。

记忆里北京的冬天漫长而寒冷,每个人穿着同一个颜色和式样的衣服,像是一个个丑陋的柜子在街上被搬来搬去。

北京漫长的冬天里唯一的喜庆颜色是"两白一黑","一白"是白菜,北京冬天的主菜,通常的习惯是买半屋子,吃整整一个冬天,醋熘、清炒、乱炖、包饺子、包包子、包馅饼,百千万种变化,不变的是白菜还是白菜。另"一白"是白薯,北京冬天唯一的甜点,买两麻袋,吃整整一个冬天。"一黑"是蜂窝煤,堆在门前院后,那时候北京大面积的没有市政供暖,整整一个冬天的温暖得意就靠它了。

我常常因为烧蜂窝煤的火炉而想念那时候北京的冬天。

伺候火炉是个有一定技术含量的活儿,这个技艺由老爸掌握。炉子安放到屋子一个角落,烟囱先向房顶再向一面墙蜿蜒而过,最终探出屋外。烟囱在屋外的一端要安个罩子,防雪防尘。烟囱在屋里的一段要逐节密封好,否则一觉醒来,一家已经在天堂。为了伺候炉火,老爸自制了很多钢铁工具,夹煤的、捅煤的、掏灰的、钩火炉盖儿的,其中捅煤的钎子常常被我们拿去滑冰车用,总丢,老爸总是多做几个放着备用。蜂窝煤似乎有两种,一种是主流,数量多,含煤少,一种数量少,含煤多,贵,用来引火,先放在煤气炉子上烧着,然后放进火炉最底层,最后再放上普通蜂窝煤。蜂窝煤烧尽,要从下面捅碎,煤灰随重力落到炉底,用煤铲掏走,再从炉子上面加一块新煤。最考技术的时候是临睡前封炉子,留多大进气口是个手艺,留大了,封的煤前半夜就被烧没了,下半夜全家被冻醒,留小了,不热,一夜全家受冻,加上蜂窝煤的煤质不稳定,留多少更难控制。老爸的解决办法是半夜起来一次,我睡觉轻,常常听见,他摸黑穿拖鞋声,因为长期吸烟的几声暗咳声,吐一口痰声,喝一口水声,铁钩子拉开炉盖儿声,铁钩子合上炉盖儿声,撒尿声,脱鞋再上床声。

我对于侍候火炉的兴趣不大,但是对于炉火的兴趣很大。炉火当然能烤火,而且炉火比空调好很多,不硬吹热风,而是慢慢做热交换和热辐射,暖得非常柔和。从脆冷的屋外进来,把千斤厚的棉衣一脱,一屁股坐在炉火旁边的马扎上,面对炉火,像拥抱一个终于有机会可以拥抱的女神一样,伸出双臂、敞开胸怀,但是又不能又不敢抱紧,哪怕不抱紧,很快身心也感到非常温暖。然后,倒转身,挺直腰板,让炉火女神再温暖自己的后背、后腿和屁股。炉火还能烤食物,白薯、汤、粥、馒头片。晚上看书累了、饿了,贴炉壁一面的烤白薯和烤好的抹上酱豆腐的馒头片都是人间美味,胜过天上无数。遇到周末,改善生活,放上一口薄铝锅,炉火还能当火锅。火锅神奇的地方是,已经吃得不能再烦的白菜、酸菜、豆腐、土豆放到里面,几个沉浮,忽然变得好吃得认不出来了,围坐在周围的家人也开始和平时不一样了,老妈转身去橱柜拿酒,老姐望着炉火,眼神飘忽,老哥热得撩起裤子、撩起秋裤,腿毛飘忽,老爸开始小声哼唱十八岁前学会的歌曲,窗外天全黑了,借着路灯光看到小雪,在窗子的范围里,一会儿左飘,一会儿右飘。

后来,住处有了市政集中供暖,老爸还是习惯性半夜起来一次,我睡觉轻,还是听见,他摸黑穿拖鞋声,因为长期吸烟的几声暗咳声,吐一口痰声,喝一口水声,撒尿声,脱鞋再上床声。我背诵最早和最熟的唐诗之一是白居易的《问刘十九》:"绿蚁新醅酒,红泥小火炉。晚来天欲雪,能饮一杯无?"老爸天生酒精过敏,滴酒不沾,但是每到冷天,每到夜晚,每到想喝口小酒,我每每闭着眼听到老爸像老猫一样爬起来,去照看那早已经不存在了的炉火。

与人欢喜 自己欢喜

原创 2017-11-11 陈世旭

像许多少不谙事的人一样,年青时心高气傲,很不容人,尤其看不得别人在任何一点上比自己强:有个同学考出班上最好的成绩,就说人家是瞎猫碰上了死老鼠;有个同学生在书香之家,从小练就的毛笔字写得中规中矩,有模有样,常被老师挂上黑板做范本,就在心里嘀咕这是对自己的蹂躏;开晚会,有个同学明明唱歌在全班数第一,却偏要主张另一个能唱但唱得不咋的同学上场;一个同学因为出色成为大家包围的中心,就找个理由躲得老远,或是干脆悄悄地一走了之……如此的心胸狭隘,也让自己吃了不少苦头:时间长了,别人都敬而远之,自己就只有形影相吊,"斯人独憔悴"。

成年了,阅历多了,也便越来越知道了自己的渺小,越来越知道了自己其实并不具备嫉妒的资本,也越来越知道了嫉妒让人疏远、让人嫌恶,受到伤害的最终是自己。如果换一种与人相处的方式,真诚地欣赏别人的长处,真诚地为别人的成功喝彩,从别人的快乐中,自己是同样可以获得快乐的。

中国古典十大喜剧之一、元施惠的《幽闺记》有这样的话:"……自古道与人方便,自己方便……"这话听上去有点世故,我更喜欢另一句俗话:"赠人玫瑰,手有余香。"

在最具影响力的著作之一《快乐的人生》中,卡耐基阐明了这样一个观点:消除错误思想和行为,在心灵中注入快乐,比割除身上的肿瘤和脓疮还重要。他提出了培养快乐心理的七条规则:有了快乐的思想和行为,你就能感到快乐;永远不要去试图报复我们的仇人,否则我们会深深地伤害自己;不要因为别人忘恩负义而不快乐,要认识到不过是一件十分自然的事;算算你的得意事,而不要过多在意自己的烦恼;不要模仿他人。让我们找回自己,保持本色;当命运交给我们一个柠檬时,让我们试着做一杯柠檬水;对别人感兴趣而忘掉你自己,每一天做一件能为别人脸上带来快乐微笑的好事。

与此同时,卡耐基又提出了不为别人的批评而不快乐的三种方法:不公正的批评通常是一种伪装的恭维,请记住,没有人会踢一条死狗;将遮盖自己的破伞收起来,以免批评你的雨水顺着脖子后面流下去;留下自己干过的傻事记录,批评自己。

在上述"七条规则"和"三种方法"中,我获益最大的是"规则"之七:"对别人感兴趣而忘掉你自己,每一天做一件能为别人脸上带来快乐微笑的好事"和"方法"之三:"留下自己干过的傻事记录,批评自己。"

我不能确保自己能完全达到这样的要求,但一旦按这要求做了,心里肯定是愉快的。

与人欢喜,自己欢喜,多好;挤兑别人,自己也累,何苦?

令人肃然起敬的团队

(原创) 2017-11-13 曹鹏

柏林爱乐乐团1979年首次到北京演出时,我54岁,距今已经38年了。上海交响乐团派指挥家黄贻钧团长带着我赴京,我俩住在中央乐团招待所,每天和指挥家李德伦一起骑自行车去首都体育馆看排练和演出。

38年前柏林爱乐乐团在北京演出了三场,我有幸多听了一场排练。最后一场音乐会,柏林爱乐乐团和中央乐团45名弦乐演奏家联合演出贝多芬第七交响曲,我想这也是卡拉扬指挥生涯中少有的现象。有人曾问过卡拉扬:"你挑选的演奏家都是精英吧?"卡拉扬回答说:"不!不是精英,而是超一流的精英!"卡拉扬带领中央乐团的演奏家与世界顶级乐团一起演出,堪称当时乐坛的一件盛事,意义非凡。

柏林爱乐乐团不仅对音乐追求极致,对其他与演出相关的事宜都力求完美。那时我们中国还没有可容纳大型交响乐团演出的现代化专业音乐厅,为了此次访华演出,乐团半年前就派专家来北京实地考察,他们走遍每个场馆剧院,测试音响,研究讨论,最终选择了相对可行的北京体育馆。演出时他们还特意带来一块能够反射音响的巨型背板,足以可见其一丝不苟的专业精神。

再说当年柏林爱乐乐团的指挥卡拉扬,我曾写过这样一段话:"卡拉扬闭着眼睛指挥,他凭借内在的灵感来表达音乐的内涵与神韵,他的指挥发自内心。那惊人的艺术感染力和高超的指挥技艺达到了登峰造极的地步。"卡拉扬一生非常自律、勤奋。他永远背谱指挥,对艺术从难、从严、从高。多年来,他一直保持着四点起床读谱的习惯,对一首乐曲的准备常常要花费几年的工夫。1979年,我在北京体育馆近距离欣赏卡拉扬与柏林爱乐乐团的音乐会与排练时,不得不感慨这是一个令人肃然起敬的团队,他们精准的演奏,已达到炉火纯青的地步。

那年的北京之行,令我终生难忘。

我内心也着实感谢东方艺术中心。2005年11月10日我又有幸在上海欣赏到了那无法用语言企及的"天团之声",东方艺术中心前任总经理林宏鸣赠送了我两张柏林爱乐的演出票。那年我已经80岁,音乐会的指挥也由卡拉扬改为西蒙·拉特。

那晚我坐在楼下正厅第一排,面对首席。演出效果妙不可言,那是人间罕有的天籁之音,音色如此美妙、内在、细腻、传神。在贝多芬第三交响曲《英雄》的第一乐章再现部时,一、二提琴声部中出现了贝多芬难得有的三个P(极弱)。我坐在第一排,能够清楚地看到首席与指挥的一举一动,那一刻"只见手动,未闻声响"。全场听众似乎进入了一个妙不可言的无我境界,真是"此处无声胜有声"。让人不禁发自内心地赞叹,柏林爱乐乐团不愧是音乐界令人仰慕的一颗巨星。

今年,我已经92岁了,我热切期待11月在东艺再次重温让我魂牵梦绕的柏林之音。

那小小的天鹅阁

原创 2017-11-21 苏秀

最近我的前同事施融从纽约发给我一篇有关"天鹅阁"和程乃珊的文章。"天鹅阁"那个小小的西餐馆已经停业几十年了,到今天还被人提起,不禁也勾起了我对它以及对乃珊夫妇的许多回忆。

"天鹅阁"坐落在淮海路和东湖路的转弯角上,只有一间很小的门面,好像只能摆下三四张台子吧。1976年我们上海电影译制厂从万航渡路搬到永嘉路,离"天鹅阁"就只隔着短短的一条汾阳路。用不了一刻钟就能走到了。所以偶尔我和赵慎之觉得厂里食堂的饭菜不对胃口,就会结伴去"天鹅阁",两人合吃一碗焗面,再各自要一小碗罗宋汤,两片面包。这样吃下来,大约花个4或5毛钱,价钱不算太贵,又免得一个人吃一碗焗面太腻。

1984年,我们退休离厂。我受聘去了上海电视台"海外影视"做译制导演。没有了赵慎之这个伴儿,便少有机会再去"天鹅阁"了。直到1985或1986年,我私人接了中央电视台一部译制片,在淮海路的教育学院录音,就在"天鹅阁"对面。本来我们午餐都是吃盒饭的,那天,施融说:"不能光顾赚钱,也要善待自己。咱们去吃一次西餐吧。"我一向喜欢西餐,便首先响应了。可是,那次"天鹅阁"的焗面和汤,味道既不如从前,价钱也涨了不少。此后我就再也没去过"天鹅阁"。后来听说"天鹅阁"歇业了。

2005年,我的书《我的配音生涯》在上海书展上签售。本来也在书展上签售她的新书《上海 Lady》的程乃珊听说我也在签售,为了让我们签字,排了两个钟头的队。她对译制片的重视与礼遇,使我深感荣幸,怎能不把她引为知己?从此我们成了好朋友。

我们的聚会,往往选择在一起吃一次西餐,或者喝一次下午茶。一面吃,一面天南海北地神聊,她对很多译制片的镜头组接以及一些台词都如数家珍。如对西班牙影片《影子部队》里邱岳峰配音的落魄演员之死:二战后,演员失业,为了养家糊口,他去做了建筑工人,从高空摔下,受了重伤。他临死前说:"我在世界各地表演过死,现在我真的要死了,请大家为我鼓掌吧!"于是由我配音的他的妻子,含泪带头为他鼓起掌来。再如对保加利亚影片《穷街》那诗情画意的结尾:远方的战士胜利归来,他的爱人正在晾晒床单,他看到了床单上爱人苗条的剪影,他搬掉了凳子上的洗衣盆,坐了下去。这时,他的爱人掀开床单,一眼看到了战士……影片戛然而止。她的这些话怎能不让我感到万分亲切?我也会就她的新书谈些题外话,如绿屋那些人最后的命运以及她翻译的《上海生死劫》中的郑念母女。郑念是我厂同事姚念贻的姐姐,她冤死的女儿郑梅萍曾和我在同一部电影《牛府贵婿》中扮演妯娌……真有聊不完的话题。

聚会的时候,程乃珊一般都会带上她的丈夫严尔纯先生。我则多半带上《我的配音生涯》的编辑,后来成为我的"死党"的陈飞雪。相熟以后才知道,严尔纯竟然是上海巨富颜料商人吴同文的外孙。吴同文建在铜仁路上那座上海有名的绿屋,是由匈牙利著名设计师邬达克所设计。造型奇特,就像一艘巨轮,停泊在绿茵场上。我当年上下班,经常骑车路过那里。没想到,竟跟那豪宅的后人成了朋友。但是在严尔纯身上,却没有一丝一毫的贵公子习气。当我们吃自助餐的时候,他就是那个跑腿儿的,一次次去帮大家拿吃的。我们要拍照了,他又变成摄影师。

有一次说好了我请他们夫妇,乃珊说地点由她来选。她选的是"天鹅申阁"。

"天鹅申阁"也在淮海路附近。门面要比"天鹅阁"大得多。我们请出了女店主,问她的店跟"天鹅阁"有什么关系?她说什么关系也没有。只是喜欢"天鹅阁"的菜和它店里的氛围,才起了这个店名。

其实不光是我和乃珊怀念"天鹅阁",我儿子音乐学院附小的同学,已在美国定居三十多年,还在和他的上海老乡讨论"天鹅阁"和"天鹅申阁"到底有没有关系,还特意发微信来问我的儿子。

记得余秋雨说过,当他和一位初识的台湾女记者在电话中说到中国古典诗词时,一句"大江东去,浪淘尽,千古风流人物"立刻就让彼此感到同为炎黄子孙的同胞之情。那么是不是两个上海老乡,不管在世界的哪个角落相遇,只要提到那小小的"天鹅阁",也会成为上海人的标识,"老乡见老乡,两眼泪汪汪"呢!?

琥珀年华

原创 2017-11-25 迟子建

　　我在少年时代爱做梦，梦见自己像鸟一样飞翔，梦见月亮掉到草垛上，梦见河里鱼儿涌动。当然也梦见自己掉进壕沟，梦见毒蛇缠身或是遭狗咬。父母说了，好梦要憋在心里不能说，方可应验；坏梦要即刻说与别人，它就破了。所以每当我早晨起来惊魂未定地从被窝跑出来找父母说梦时，就是夜里被噩梦纠缠了。他们听完我的诉说，温柔地安抚几句，然后让我往门槛外吐口痰，据说这样，遭了唾弃的噩梦就随风而逝了。但有时我也分不清好梦坏梦，房子起火和抬棺材，在梦里令我害怕，可大人却说梦见火和棺材都是吉兆——旺运和发财之意。所以我想藏在心里的好梦，在他们眼里或许是坏梦呢。

　　青春时代，我开始写作了，想象力一开动，梦就更加妖娆了。所以那个时期的日记,很多是关于梦境的记载。当我做美好的梦时,梦是黑夜中飞临人间的天使;当我做惊恐的梦时,梦是窜入缤纷时光的魔鬼。

也许是经历了人生真正的噩梦,见识了美好,也洞见了丑陋,而越来越多的事物,让人失去想象力了,近几年我的梦少了。偶尔有梦,也贫乏和令人沮丧,比如乘火车旅行坐过了站,排长队缴纳暖气费时,轮到我时窗口突然关闭了,再不就是晾晒在窗台的衣裳被风刮走了,我怎么也追不回来。可从前,太阳,彩虹,晚霞,鱼儿鸟儿花儿,是我梦的主角。

就在少梦的年纪,在平静却是暗淡的时光中,我还是几次梦见小时候的事情,这让我无比欣喜又无比伤感。梦见姥爷天不亮就坐在桌前喝烧酒;梦见姥姥拉着我的手,顶风冒雪去江上捕鱼;梦见父亲带着我们上山拉柴;梦见妈妈吩咐我去给她采草甸子的野花。总之,梦见的事儿很写实,都是我少年时代所经历的。唯一不同的是,梦中的人,除了母亲,都已故去。我将这样的梦说与母亲时,七十多岁的她,呼应我的说法,说她现在记性很差,常常忘记几天前发生的事,可很奇怪的,小时候她经历的事情,年轻时想不大起来的,现在却都能回忆起来,清晰如昨。

可能人这一生,最忘不了的就是自己的少年时代吧。

前年我去黑河,在一家俄罗斯商品店,看见一幅由琥珀镶嵌的风景画,那上面的房屋与我童年住过的木刻楞太相像了,那屋顶的雪和炊烟,房前的栅栏,冰河,对岸的树,以及星空下的雪松,最重要的是由不含杂质的琥珀镶嵌的木屋的灯火,温暖撩人,简直就是我童年生活的翻版!我将其买下,如今它就在我新居的床对面悬挂着。每天早晨醒来,我都能望见童年,望见炊烟,望见忘不掉的树和雪。琥珀的微光照耀着渐渐走向夕阳时光的我,投给我一缕别样的光华和温存。

一个人的少年时代为何令人难以忘怀,像琥珀一样散发着永恒的光华?因为那是我们认识世界的开始,那是我们的想象力最为活跃的时期,那是一段尽管有不平,但童眸依然清水一样透明的岁月。人生的尘埃,给我们以苦与迷离,但我们回望出发时刻,哪怕悲伤缭绕,依然给我们以美的感觉,让我们在迟暮之年泪眼蒙眬。

因为作品的发表,多年来我得到了一些读者的喜爱。这其中就包括我的"灯迷"(我正月十五出生时,正是要挂灯时分,所以父亲送我乳名"迎灯",我的粉丝因而自称"灯迷"),他们在网上创建了"迟子建贴吧",灯迷们聚在一起讨论我作品,也常常在我生日时送上特别礼物。最早创建贴吧的吧主网名"四十四次日落",本名孙玉虎,他来自南方,当时是齐齐哈尔大学的学生。多年以后,他成了一名儿童文学作家,刚获得全国优秀儿童文学奖。他从北京《儿童文学》来到浙江少儿社工作,即刻与我联系,说想做一套我小说的"少年读本",插画本,篇目选择上,他与另外几位与我相熟的灯迷——梦遥、彭程、积累都有商讨,特征求我意见。我只问他一句,你们确认这些篇目,少年读者会有认同感?日落很肯定地答复,至少影响了他。

我浏览他们选定的篇目，也开启对自己作品的回忆，《北极村童话》里，有小主人公遗失的五彩项圈；《日落碗窑》中，有一只仿佛由夕阳烧就的金红色泥碗；《没有夏天了》中，充斥着北国小镇的烟火气；《疯人院的小磨盘》中，有能与"疯人们"打成一片的小磨盘；《采浆果的人》里，有智障兄妹沉甸甸的收获；《花瓣饭》中，有一盆粥，等待着野花花瓣的加入，来抚慰心灵受伤的人；还有《鱼骨》中个性飞扬的旗旗，《百雀林》里的少年小没，甚至是《鹅毛大雪》和《小狗》中的雪花和动物，这里有永难消泯的童心，有像樟子松一样经冬不凋的爱。但必须承认，这里也有阴影，充满了我对那片冻土伤残的记忆。我想少年读者能够感受到温暖以外的东西，不是坏事。

一个人在成长中刻意地避寒，就会成为温室的花朵。能够在暴风雪中勇往直前，才能成为顶天立地的人。从这个意义来说，我愿意将这个系列，奉献给少年读者。

德国作曲家舒曼创作过著名的钢琴套曲《童年即景》，其中的《梦幻曲》广为流传，为乐迷喜爱。舒曼回忆童年的这部作品，满怀深情，忧伤唯美，我最喜欢的是著名钢琴家霍洛维茨对它的演绎。霍洛维茨晚年弹奏《童年即景》时，时间之河在他苍老的脸上倒流，流进他的皱纹，流进沉沉落日，和另一世界即将呈现的星辰。

少年们应该知道，在我们的生活中，疯人院里也流淌着至纯的人性之泉，就像花瓣饭里也会掺杂着人的眼泪一样。

家乡哪里

原创 2017-11-26 顾土

走在欧洲,见到很多同胞,都自称温州人、青田人,还有的就自称潮汕人。将国名省略,情有可原,但省名,甚至地市名也一概不提,就让人感到,他们对自己那一方土地的挚爱,已经达到了忘人的地步。管你知不知道,只要自己心中明白、老乡亲切,足矣!

古人很看重家乡,非但自己,就是他人也是如此,家乡可以作为号,比如张之洞是张南皮、曾国藩是曾湘乡、谭嗣同是谭浏阳;也可以将家乡永远置于名称的前面,清华大学校园内的王国维纪念碑就上书:海宁王静安先生纪念碑。陈寅恪大弟子、北大教授王永兴先生三十多年前给我们授课,依然一口一个"海宁王静安先生"。

家乡属于天赐,生于斯、长于斯,自己没有选择权,所以热爱家乡也无需理由,无论家乡什么样,只有那份与生俱来的爱。当然也有人恨过家乡,不过那是后天造成的。

可惜,现在的人们说起家乡,往往很挑剔,条件优越的、知名度高的,就喜欢挂在嘴边,自然环境或是经济水准差些的,则难以启齿。

青岛、大连、深圳、宁波、厦门、苏州这样的城市,即使不是省会,出来的朋友在自我介绍时也从来不带省籍,大概他们以为,家乡的名声不亚于省,何必靠省添彩。

乌镇人,将来他们在介绍自己时,恐怕直接说乌镇就够了。我敢保证,知道桐乡的人远比乌镇少。几年前有家报纸介绍乌镇时就错写成桐庐乌镇,当时我便说,如果熟读茅盾的人,肯定对桐乡熟悉,如果了解郁达夫作品的读者,对桐庐也不会陌生。

当然,也有更多地方,很多朋友似乎并不以此为荣,甚至以为耻。

从前初次见面,谈吐含蓄雅致,问家乡都用府上,如今再说府上,多半的回答是:你说什么?如果直白地问对方是哪里人,有人痛痛快快,有人则闪烁其词,直至不答,最多说个省份,还特意加一句:穷地方!假如再问的话,好像就要与他们为敌了。有位音乐界朋友,我问他哪里人,他回答之后就不耐烦地来了一句:怎么啦?有的朋友干脆回答,别问了,说了你也不知道!当我不但知道,而且还去过时,他们也一定要追问一句：不怎么样吧！

有些朋友，在他们心目中，可能把各个地方分为三六九等，所以回答家乡之问后，无不补上一句，这个地方原来属于什么什么省。言外之意是，他们原本并不属于这里，更言外的意思估计是，那个省比这个省强。

幸亏我曾经游览过不少偏僻市县，当遇上那些不以家乡为荣的朋友，都赶紧称赞几句，举几位那里的名人，说几处那里的山川，讲几句那里的特产，借此缓解一下气氛，否则，对方就会怀疑我问家乡哪里，是在蓄意揭短了。

兄弟眼中的真路遥

原创 2017-12-03 海波

我和路遥相识于1963年,当时他14岁,我11岁。我们的友谊从那时开始一直到持续到他不幸去世,长达30年,加上我们都从小喜欢文学,所以共同语言就多一些,交往也就深一些。今年是他去世25周年,借此机会我将自己和路遥交往中的几件小事摘出来,以此纪念我这位英年早逝的朋友、兄长。

一、朋友如鸟贵同飞

我和路遥做朋友,可以说从小到大,与生以共;亲密无间,与时以进。对此,许多熟人都感到奇怪,有人甚至挑明了问我：原因何在,秘诀几多?

有一次,我把这些事讲给路遥听,想听听他的意思,没想到竟引出他一大篇真心实话来,他说——

"我们为什么能成朋友,这必须和我的朋友观说起。人以群分,物以类聚。怎么分、怎么聚有其中的道理。赌徒有赌友,恶霸有打手,吹鼓手交往的是敲锣、拍镲的人。我们以写作为终生事业,以奋斗为精神支柱,在这方面我们相同,所以成了朋友;我们从小时就爱这个,且都在坚持中进步,进步中坚持,所以友情与时俱进,与日俱新。

"你可能觉得我对你的帮助多点,你对我的帮助小点,其实不是这样,我在你身上汲取的东西比你想象的要多。别的不说,光说精神方面,你就给了我不少。每当我遇到困难的时候,想起你,就会增加自信。我会想:难道我的困难比海波的还大吗,处境比海波的还差吗,条件还不如他吗?他能坚持,我为什么不能;他能挺住,我为什么不能;他敢迎难而上,我为什么不敢?一句话,我们不是酒肉朋友,而是事业上的朋友;我们不是结伙蹁跹于花丛的彩蝶,而是相伴飞翔在陌生高空的候鸟;我们没有共同的享受,只有共同的奋斗。

"以飞翔为生活方式的鸟儿,它的朋友必须具备飞翔的能力。只有这样,双方在才能在共同飞翔中拉话、说笑,以冲淡长期飞翔形成的寂寞,增加飞翔的乐趣。这两只鸟飞的高度、速度和节奏都必须接近,否则,不但不会促进飞翔,还会干扰甚至破坏飞翔。两只瘦弱的鸟,只要具备以上条件,是能飞到一起的,虽然慢点,但迟早总会到达目的地;而一只矫健的鸟,和一只不会飞或者飞的高度、速度和节奏不同的鸟去飞翔,结果只能失败,无论这只鸟是它的同学、朋友或者亲人。"

二、恩多只能"打包"报

由于生活环境所限,路遥的前半生一直处在这样那样的困难之中。在战胜这些困难的时候,少不了别人的帮助。随着路遥在全国知名,有些曾经帮助过他的朋友,想见一见、"拉会话"的简单要求,路遥也不能一一满足。于是,这些人不高兴了,通过各种渠道给路遥捎话,表达自己的"委屈"。因为这些人大部分在陕北,有许多人和我也认识,所以我就成了"捎话"的人选。当我择主要的给路遥说了后,他的回答令我大吃一惊,他说:"这号话你以后不要给我说。"我问:"为什么?"他说:"办不了。也不想办!"我说:"你怎么能这样啊?你应该报恩啊。"他说:"正因为应该报恩,才不能管这些事情。"一句话说得我哑口无言,只想着如何体面地离开。

总是在这个时候,路遥开口了,给我讲不报恩的理由。讲了不止一次两次,提起这个话题的由头也多种多样,我只能把他说的要点写在下面。他说——

"像咱们这样出身的人,要想成点事,就不能报这些恩;这样报恩,肯定一事无成。为什么呢?因为咱们来自社会的最底层,每前进一步,都得到过许多人的帮助;那些帮助在当时的情况下，都很重要，都值得报恩。比如在农村时，因为家穷，要担水，没桶；要砍柴，没有好镢头；秋天要背庄稼，连绳子也不够用，只能向人借。绝大多数人不会借给咱，原因很简单，他们也没富余，借给咱，他就用不成了——那时是大集体，说歇，全村歇，说干全村干，一个干什么，大家也在干什么——在这种情况，有人咬了牙借给你水桶、镢头或者绳子，不但救了你的急需，还维护了你的尊严，你说这算不算恩，该不该报？比如当民办教师，村里只需要一个教师，可有五六个中学生，大家都想做这个事。领导决定让咱们教，咱们满意了，别的人肯定不高兴。这个领导为了咱们当个民办教师，自己惹下'一堆'人。你说这算不算恩，该不该报？再说进了县城当临时工时，咱们人虽然在县城里，实际上还是农村人，工资表上没咱们的名字，粮食本上没咱们的配额，单位上发一张电影票咱们也不在范围。这时候，有人给咱们借钱花，有人给咱们匀饭吃，还有人事事处处抬举咱，你说这恩情大不大，该不该报？最要紧的是咱们彻底离开农村时，那是千百人挤这个独木桥啊。过去了，虽然不能说上了天堂，但至少能体面地活几年人；过不去，虽然不敢说下了地狱，一辈子面朝黄土背朝天。在这种时候，大多数人都是自私的，亲帮亲，友帮友，或者亲友相互交叉着帮。咱们都是'干骨头'穷人，不要说家人了，就是家族和亲戚里搜尽五族也找不出一个'吃公家饭'的来。靠什么？还不得靠别人帮。这些帮你的人，恩情有多大，该不该报？"

路遥还说:"该报的恩这样多,我们又有怎样的能耐呢?干咱们这一行的人都是些'水泡枣',听起来名声大,事实上没实力。打官司不如法院的人,处纠纷不如派出所的人;搞'农转非'、帮忙入学和提拔更是门也没有。这情况那些求咱的人并不知道,他们以为咱们'面子大'、'分量重',一句顶他们千万句。其实完全不是这样,现在是人情社会,所谓的人情社会,骨子里是个'交换人情'的社会。你想'用'别人,必须是自己对别人有用。咱们对别人有什么用,要钱没钱,要权没权,别人凭什么听咱们的。"

"另外,咱们就没有那么多闲工夫。如果咱们把工夫都花在这些事上,还有什么工夫看书和搞创作?如果创作也搞不上去,像一只只会叫唤不下蛋的鸡,谁还能看得起咱?说不定现在求咱的人,都变成笑话咱的人了。工人不做工,不是好工人;农民不种地,算不上好农民;咱们搞创作的,如果不好好写作,整天喝酒聊天、吃喝玩乐甚而钻营觅缝、包揽词讼,岂不成了'二流子'了?

"我这样说,绝不是不讲人情,不报恩,而是要实事求是地报恩,脚踏实地地报恩,把报答别人和促进自己结合起来。最好方法是,努力地写东西、出作品、出名声。如果我们像鲁迅先生那样'天下无人不识君',那些曾经帮过咱们的人,即便仍在抱怨咱们,感觉也完全不一样。表现上是抱怨,实质是炫耀;口里说咱们的'不好',事实是在夸奖咱们是'干石板上扎根,自我奋斗的英雄'。如果我们写的作品能说出他们真处境、真感情、真担心、真期望,那么这恩就报'深'了,不但他们能感觉到,他们的儿孙也能感觉到,历史也能感觉到。俗话说'大恩不言报',不言报不是不报,而是光报不说;大恩大报,小恩也大报,把所有的恩情'扎成捆、打成包'集中起来一齐报。"

三、路遥的"呼噜"打得怪

路遥有两大毛病,一是爱通宵"拉话",二是打"呼噜"厉害。我一生闯荡,换了许多单位,见了无数人,像他这样"出类拔萃"的没见过第二个,更离奇的是他打呼噜的轻重竟和情绪有关。

他的《平凡的世界》第一部发表后,社会上反应平平,评论界更多不同声音,他感觉到压力很大。有一天晚上找我谈这事,想听听我的看法。我率直地说了看法,大意是和外面的看法差不多。

听完我的话,路遥显出很沉重的样子,说了几句闲话就准备睡觉。这是几天来我们睡得最早的一个晚上,总以为能睡个好觉,结果一眼也没合;不但没睡成,还差点要了我性命。那天晚上他的"呼噜"真算打出了水平,长一声、短一声、高一阵、低一阵,直打得隔壁房间的人也睡不住了,过一会就在墙壁上"咚咚咚"地敲。我更是受不了,先是用被子蒙了头,不顶用;后又把棉花塞进耳朵里,仍不顶用;最后,我把他从床上拉起来,央告说:"你先醒一会,让我吃片安眠药等我睡着后,你再睡。"他说:"这也是个办法。你吃吧——"

正说着,他竟然坐着打开呼噜了。我能明显地感觉到他也在努力控制,先是硬憋着,整得口唇直抖,嘴里"扑扑"有声;终于憋不住了,"哈—拉拉"地大"吼"开了,那声音比平时的更响亮、更有底气、更具穿透力。最让人哭笑不得的是,他一边打呼噜一边还给我道歉:"对不起,这是一种病,你担待些。"

我实在想不出好办法了,只好逃进卫生间,拧开了热水龙头,放了一浴缸水,躺在里边想"眯"一会。刚眯了一会,就觉得头晕、想吐,浑身除了下巴能动,其他处都动不了了。我意识到是"晕堂"了,惊了个半死,硬用下巴颏勾住浴盆沿儿把自己"翻"出来。我从卫生间出来时,路遥睡得正香,呼噜打成"如歌的行板",我只能苦笑着穿上衣服离开。

"顽主"史依弘

原创 2017-12-09 华心怡

这是一个地道的上海姑娘,后来却唱起了西皮、二黄的京剧,幽咽婉转,见棱见角。由南及北的一路,说是风花雪月的故事,倒不尽然。

北京爷们地道的京片子中,有个词叫"顽主"。顽主把玩儿当成了正经事,玩得兢兢业业,玩得花样百出。在锣鼓喧天的荒腔走板舞台上,史依弘就这样"玩"出了名堂。

这不,史依弘又玩开了。下周上海中心宝库观复博物馆将上演室内乐版《霸王别姬》。史依弘的虞姬,将探索戏曲在不同的表演环境中,面向更多元观众的一种可能。"顽主",果然会玩。

一、玩好了——南拳北腿出名要趁早

自己玩得兴起,又能引来旁人的满堂彩,前提是,一举手一投足一引吭,样样都有真功夫。在史依弘的弘依梅公司练功房里,一身清爽朴素打扮的京剧名角快人快语:"小时候我不懂舞台,就是觉得好玩。"

她丝毫不提儿时的玩其实带着异常的艰苦与血泪。从小住在浙江中路的老房子里,母亲又在上海体育宫工作,整个人民广场都是小依弘的游乐场。6岁念书,放学后她总是揣着每天一毛二分的零用钱,买上一只油墩子去体育宫找妈妈。体育宫里许多孩子都练着不同的体育项目,小依弘唯独对武术情有独钟。家人知道个中辛苦而反对,这个倔强的小囡只是一句"我能扛"就提上了红缨枪。学武术,史依弘练了拳术和剑术,她经常参加"打对子"。有一次在上海体育宫为外宾表演,一圈打完,同学们找不到方向,结束时纷纷以屁股对着正面看台。只有史依弘一人,站对了方向。说起童年,她不由笑了:"舞台感看来是天生的。"

过了两年,武术队解散了。小依弘觉得心里空荡荡没了着落,她又相中了体操。武术是勾脚面,体操则是绷脚面,这个8岁的女孩只花了一周的时间就纠正了过来。先是武术,再是体操,全都是最苦最难的项目。"每天的手掌心都会磨出血泡,教练会用碘酒帮你处理,实在很疼。练完高低杠,每天的胯两边肯定一片青紫。现在这些动作都取消了,估计觉得太不人道了。"说着这些"痛楚",她却愣是没提一个苦字。"还行啊,小时候好玩就坚持下来了,那段记忆很珍贵。"左臂骨折两次后,史依弘跟不上体操队的进度,后来便去考了上海戏校。旁人眼中苦不堪言的唱念做打,到了史依弘这里成了小菜一碟,她还是笑:"我可是练过武术和体操的人啊。"武术和体操的经历仍影射在史依弘的生活中,"每次电视里有武术和体操比赛,尤其是奥运会,我肯定不会落下。"

史依弘原是刀马旦,师从著名武旦演员、京剧教育家张美娟以及戏曲声乐专家卢文勤。她还是出名要趁早的范例,22岁就靠一身功夫赢得京剧梅花奖。后来史依弘开嗓唱了起来,又带来连连惊喜。她潜心研究梅派艺术,参与多个京剧新剧目的创作。她唱做俱佳,文舞兼善,成为中青年京剧演员中的翘楚。如今一直在搞创新的史依弘却提醒新人:"不要急着去创新,走路都没走稳,怎么能跑。在学校里,就要老老实实地唱,打下最扎实的基础,没有别的路可以走。"玩得好了,以后才有更多可能。

二、玩嗨了——头上"长角"独独爱跨界

身边的同事,舞台下的票友都称史依弘"姐姐"。她平时用真嗓子交流,在家乡便自然转换成上海闲话,并且还都是直白的大实话,"姐姐"的来头便是因为她容易亲近。

史依弘玩京剧，花头十足，用她自己的话说，那是"玩嗨了"。去长江商学院文创班进修，她认认真真上每一节课。"听不懂的时候，我就使劲听。你坐在那里，用脑思考，就会有收获。"弘依梅文化传播有限公司便是史依弘与梅建平教授思想火花碰撞的产物。这是国内第一家以京剧文化为主要内容的商业文化传播公司。"大概有一年半的时间了，不赚钱。"她又补充了一句，"传统文化能赚钱，很难很难，不是一般地难。"史依弘自然希望日后能够做到收支平衡，这个商业模式其实更是她的一个梦。"生在上海这样一个包容度如此之大，思维和生活方式长久以来一直很摩登的地方，就一定要好好利用这得天独厚的文化条件。我希望能以教育为己任，寻求京剧这门古老艺术和现代商业运营的最佳结合。"体制内与体制外的这种交集，让史依弘有了更多戏可以唱。公司推出了"星星点戏——点亮看戏的眼睛"传统京剧展演。在一年时间里，更多年轻观众近距离感受京剧，年轻的京剧演员获得更多舞台实践机会。史依弘坚信，好演员是在舞台上磨出来的，肯定不是在家里闲出来的。

她一直是"头上长角"的那种人，有想法，不安分。梅派青衣，却从未正式拜在谁的门下。她只是博采众长，从各剧种各名家中吸纳精华。从跨流派唱程派《锁麟囊》，到跨剧种唱昆曲《牡丹亭》，只要对京剧来说是新鲜的，有益的，史依弘都勇于尝试。"年轻人中的绝大多数对京剧完全没有概念，怎样以现代的手法去接近他们，亲近他们，俘获他们，才是京剧能够长久繁荣的关键。"史依弘除了演出以外,还在协和双语学校推广京剧,教小学生唱京剧。

甚至,脱离京剧本身,也能推动京剧。在日前上映的电影《不成问题的问题》中,史依弘饰演的三太太惟妙惟肖,让人叫绝。她与金马奖最佳女配角擦肩而过。这次触电让不少影迷认识了史依弘,论坛中人们会发问:"三太太是那个梅派的史老师吗?"史依弘说自己的电影功底全是靠老本行京剧调教,"我们演《四郎探母》,就是穿旗人的装束。一举手一投足,腰臀怎么摆,颈脖如何移,都是有讲究的。我这么一借鉴,就有了。"

台湾电影圈都在打听三太太是哪里来的,似乎没见过这个大陆演员。史依弘大笑起来:"京剧里来的呀。"她已经买下了《新龙门客栈》的版权,眼下正在融资,下一步史依弘又有得玩了。

三、玩大了——做中国最好的音乐剧

熟悉史依弘的人都知道,骨子里,她并不是一个爱出风头的人。画上"面具",才能在舞台的聚光灯下毫无拘束地抢尽风头。当年,在文化部主办的首届"中国京剧优秀青年演员研究生班"中,史依弘最出名的绰号是"溜边黄花鱼"。"一遇到有人采访,一遇到新闻发布会,我就躲到别人的身后。一看到镜头,浑身别扭。"

为了发扬京剧,她算是"豁"了出去。"一次两次,慢慢锻炼出来了,现在皮厚啦。"宣传起自己的"新产品",史依弘张口就来。"之前我们在美国纽约大都会艺术博物馆上演的《霸王别姬》惊艳了金发碧眼的国外观众,也让我想得特别多。随着演出环境的变化,在一些特殊情境里,观众离舞台特别近,你眨一下眼睛人家都看得清清楚楚。从这点上来说,对演员的要求显然更高了。但另一方面,近距离的京剧欣赏又有着非常好的效果。所以回来后我就想着要在上海做一出精彩的小剧场京剧。"下周室内剧版的《霸王别姬》便是如此扣人心弦的作品。"在美国的时候,其实我们已经考虑到外国观众的观赏习惯,所以我们的传统乐器上都用蒙上几层布做了降噪处理,可以说比原来的洪亮'闷'了很多。但即便如此,只要乐器一响,观众的头全都齐刷刷地转到了乐师那一边。"这一次的经历,让史依弘下定决心进行一次"乐器改革"。我和许多大师研究过,西洋乐器的引入并不会喧宾夺主,不会压制演员的演唱。在下周的演出中,一把蝶筝,两把小提琴,一把大提琴,一把京胡,一个鼓便撑起了乐团的全部市面。室内剧版的《霸王别姬》一切为人物服务,"配乐主要用来完整人物的对白与独白。如果效果好,我们带着这个班子走出去,差旅费也能省下不少。"

史依弘的戏好人红,且个体性格深入人心,算起来已是不折不扣的名伶。但这并不是她艺术生涯的全部总结,她还想玩得更大。"京剧就是中国最好的音乐剧。人家在百老汇,一台戏驻扎在一个戏院,几年,几十年。京剧为什么不行呢?"史依弘的大胆设想,以及为了达成所想所做的一切尝试,都不由叫人敬重佩服。她是一个先锋者,她还需要更多的支持者和追随者,因为,"顽主"史依弘的终极宏愿是——玩出古老京剧新的生命线。

活着,而且永远年轻

原创 2017-12-18 彭瑞高

刚相识时,马桂宁多年轻啊。

他有很多称呼:连续三届全国人大代表,有人叫他"马代表";著名全国劳动模范,有人叫他"马劳模";各行各业有很多学生,大家叫他"马老师"……但他最喜欢的称呼是"马师傅"。他说:"我就是个普通营业员,永远都是。"

25年前,市里评选"十大标兵",我因工作关系,曾参与一段过程。记得有些对象,一提名就有争议,但中百一店的马桂宁,众口一词说好,自始至终处在"十大标兵"前列。那年开春,市里开会隆重表彰,马桂宁与包起帆、朱志豪等人,成了人人称颂的"十大标兵"。之后,我们常请他们和劳模去各处演讲。马桂宁、刘海珊、杨怀远三人最是健谈,他们一见面就谈笑风生。有趣的是,这三位劳模还长得有点像,都是浓眉大眼、笑口常开;三人都来自基层,地气充沛、话语生动,他们讲到哪里,就把笑声和掌声带到哪里。

马师傅出名不是一年两年了。他干营业员这行有诀窍。有的市民买衣料,家门口也有布店,他就是不去,却愿意换几部公共汽车,老远赶到中百一店,去马师傅呢绒柜台上买。他要的,就是看一看马桂宁,享受一下马师傅的贴心服务。马桂宁的服务已不再是一种工作态度,而成了一门艺术。马师傅还写书。有两本书,一本叫《马派服务艺术》,另一本叫《服务大师马桂宁》,把他积累的经验技巧,写得细腻而生动。

马师傅是1992年3月9日被评上"十大标兵"的。其实从上年年底起,我们就开始准备材料、频繁接触。在这段时间里,马师傅做了一件了不起的事情:接待邓小平,陪老人家在中百一店过了一个愉快的节日夜。我们喜欢听老马讲这段经历。

2月18日是元宵节。当天上班时,马师傅就接到通知,说晚上有中央首长要来参观。马师傅不知是哪位首长来。他从不打听自己不该知道的事情。他总是那么平静地站在三尺柜台后面,笑眯眯的,等待着自己的下一笔生意。不管谁来,他提供的都是最出色的服务。

晚上七点左右,首长来了。马师傅一眼就认出,是邓小平同志!他的夫人卓琳和女儿也来了。当他们走到马师傅面前时,市委书记吴邦国笑着向小平同志介绍:"这是全国劳模马桂宁。他是这里的营业员,服务态度好。他到哪个店,哪里生意就会好起来,不少人还叫他'财神爷'呢。"

小平同志笑起来。马师傅也笑了。当时,普陀区正开展"马氏杯"服务竞赛,马师傅常去那里看看,还收下了一个又一个徒弟。普陀区商委的同志说:"马师傅一来,我们生意就好起来了。看来,马师傅是个财神爷啊!"就这样,马桂宁是"财神爷"的说法,在全市传扬开来。

吴邦国又说:"马师傅很努力,不仅本职工作做得好,还研究顾客心理,把多年服务经验写成书,正式出版了。"

小平同志重新打量一下马桂宁,眼里流露出惊异的神色,对马桂宁在平凡岗位上作出的业绩很是赞赏,握住马师傅的手,连声说:"太好了,太好了!"

这时吴邦国提议:"小平同志难得有机会来这里参观,跟马师傅一起合个影,好不好?"

小平同志很高兴地说了声:"好!"说着主动向马桂宁靠了一步。

马师傅喜出望外!就在自己日夜工作的柜台旁,他脖间挂着量布的软尺,与敬爱的小平同志站在了一起。这时四周掌声响成一片,人们向马师傅投去了羡慕的眼光。

小平同志离开马师傅柜台后,又去别处参观。仅过几分钟,一位干部又来找马师傅,请他到文化用品柜去一下。原来小平同志要买文具。马师傅一到那里就当起"导购",在琳琅满目的商品中,为老人家挑了中华牌铅笔和橡皮。小平同志的女儿为父亲付了钱,笑着说:"这是老爷子回去送给孙子孙女的。"她还说,新中国成立以来,这是老爷子第二次到商场来买东西。

马师傅说起这一夜,很是感慨。他说,这一夜店里真热闹啊,许多顾客见邓小平来了,都呼朋唤友,来看老人家。电梯门一打开,有人突然看到邓小平,都惊喜得叫起来。老人家离开时,南京东路六合路口更是人山人海!小平同志向群众频频挥手,十分亲切。他来中百一店的事其实早定了,但他不愿打扰老百姓的生活。说起这些,马师傅充满了钦佩。

元宵节过后,马师傅名声更响了。但他脑子很清楚。他对我们说:"因为我为小平同志服务过,所以现在有更多顾客愿意来我这里买东西。我知道,他们是怀着对小平同志的尊敬而来的。"

进入新世纪,我去看过几次马师傅。他站的不再是那个呢绒柜台了,而是名牌的"海螺"衬衫专卖柜台。他对我说,中百一店需要我,我也需要中百一店。他还说,有我在,柜台上生意就会好一点。我愿意做这个贡献。

马师傅担任的最后一个职务,是"马桂宁学校"的校长。他的学生徒弟,多达五六百人,除商业外,遍布民航、铁路、邮局、银行、教育、卫生等行业。他们中有很多人,掌握了"马派艺术",成长为像他那样的劳动模范。

一个人的智慧,有那么多人崇拜;一个人的能量,有那么多人传承。这个人,我相信他不会死,而且会永远年轻地活着。

当时只道是寻常

原创 2017-12-21 肖复兴

如今,朋友以各种名义张罗的聚会多了起来。这样的聚会,对于我,主要来自北大荒的荒友和中学同学。有时合二为一,因为很多荒友就是中学同学,当年是坐着同一列火车一起从北京到的北大荒。这样的聚会,同窗且荒友,两两相加,如同范石湖的诗:晚来拭净南窗纸,便觉斜阳一倍红——不能不去。

如今,这样的聚会一般都会选在饭店酒楼,一桌子丰盛的菜肴,鱼呀,虾呀,贝呀,鸡呀,鸭呀,酒呀,应有尽有,往往吃不了,也不兜着走。就着陈芝麻烂谷子的往事回忆,一直到酒足饭饱,晕乎乎,晃晃悠悠地握手告别。下一次聚会,依旧是这些陈芝麻烂谷子的往事回忆,祥林嫂一般,一遍遍的陈情诉说,浓郁的感情,加上更浓郁的怀旧情绪,像一把把火燃烧起过去的岁月和流逝的青春,不是将其烧成灰烬,而是将其在火中涅槃,真的像卡朋特那首老歌唱的那样,可以昔日重来。

以前,我们也曾聚会。这个以前,是指我们刚刚从北大荒返城的时候。那时候,我们二十多岁,一晃竟然过去了四十多个年头。那时候的聚会,我们都是在各自的家中,一张桌子移到床边,床上坐人,椅子上坐人,围成一圈,把窄小的房间挤得满满登登。那时候,根本没有想到聚会去饭店,因为兜里的"兵力"不足,一根扁担挑两头,还要养活上老下小。但呼朋引伴到各家聚会的劲头,一点儿不亚于眼下。

聚会的酒是北大荒,那种蓝牌牌60度的北大荒酒,如今很难找到了。饭菜则都是出自我们的手,那时候,我们很多人都无师自通或自学成才,操练成烹饪高手。记得有一年,我的一个中学同学兼荒友结婚,为了省钱,婚宴在家里,屋里院里摆上好几桌,我自告奋勇当主厨。正过五一,赶上菠菜上市,便宜,我买了很多菠菜,一连做了:菠菜肉片、菠菜豆腐、菠菜海米……就连珍珠丸子,我都在下面铺一层翠绿的菠菜。我的这位同学新郎官跑进厨房,苦瓜一样耷拉着脸对我说:赶紧换换吧,别再菠菜了,都快给大伙的脸吃绿了!但是,这并没有影响这次重要的聚会,以致到现在人们还记得那场菠菜宴。

聚会,我还有一个拿手菜,是沙拉。那时候,哪里去买沙拉酱,我用开锅的热油,浇在鸡蛋黄上,要一手倒油,一手不停搅拌蛋黄,直至搅拌成我的沙拉酱,大家吃得像在老莫那里一样地开心。

当然,这只是重要聚会才会出手的绝活,一般聚会,如果只是三两好友,我的菜谱上只有一道,便是疙瘩汤。现在,饭馆里也卖疙瘩汤,我做的疙瘩汤,没有西红柿,没有最后飞上的一层蛋花,也没有点上的那一滴滴的香油,只有大白菜和面疙瘩,用葱花炝锅,最后洒一点儿酱油。我管它叫作拨鱼儿,因为我用筷子把和好的面一片片拨下锅,真有点儿像一尾尾的小银鱼。我会做上满满的一大锅,如果来的是一个人,我们两个人把这一锅吃得精光;如果来的是两个人,我们三个人把这一锅吃光。那时候的聚会,不会因为拨鱼儿的简单,而有损一根毫毛。我们照样天南地北,海阔天空,上至马列主义,下至鸡毛蒜皮,聊得开心尽兴,一直到夜阑人静,朋友才依依不舍骑上自行车,消失在茫茫夜色里。我那雷打不动的拨鱼儿,当时只道是寻常,现在却常让我怀想。

如今的聚会,有时也会点上一盆疙瘩汤,那只是点缀,像饭后的甜点,为了给大家解酒或腻缝儿的。

其实,一般的聚会,或陌生一点儿的人,或社交礼节性的聚会,可以去饭店酒楼,但像我们这样发小加荒友的聚会,大可以常去各家去重温旧梦。只是,如今的聚会,已经断然没有去各自家中的了。如今的聚会,我拿手的沙拉和疙瘩汤,再也派不上用场。

老底子，上海人是这样过冬的

(原创) 2017-12-24 薛理勇

在上海，立冬以后，连续五天平均气温低于十摄氏度，则以第一天作为入冬。冬藏之气，至此而极"至"谓之极致，冬至过后，天气一天更比一天寒冷。上海的冬天，温度不见得很低，却非常难熬，抗冻御寒就成了冬天的主要活动，也因此形成了相应的民风民俗。

一、三九严寒打炭墼

冬至是中国二十四节气之一，一般在公元历12月22日。冬至是一年中白天时间最短、夜里时间最长的一天，从冬至开始，白天一天比一天长，黑夜一天比一天短，天气一天比一天寒冷,古人总结冬至以后的气候特点,编成民歌民谣,称为"数九歌""九连天""连冬起九"等,江南的《数九歌》有:"一九二九,相唤弗出手(与人打招呼时,手依然插在袖笼里)。三九廿七,篱头吹觱篥(寒风吹在篱笆上发出呼呼的响声)。四九三十六,夜眠如露宿。五九四十五,穷汉街头舞(穷人没有御寒的措施,只能运动身体驱寒)。六九五十四,苍蝇躲屋枞(气候回暖,可以看到苍蝇躲在房屋的缝里)。七九六十三,布衲两边摊。八九七十二,猫狗躺淘(吴方言念如 ying,就是'凉'的意思,如上海人把'天气凉了'讲做'天气转淘了')地。九九八十一,犁耙一起出(大地回春,农民准备春耕)。"冬至以后,每隔九天,气温会有明显的变化,三九、四九是一年中最寒冷的日子,成语"三九严寒"也出自《数九歌》。

为了度过三九严寒,人们早早地做起了防冻御寒的准备,民谚有"九九八十一,家家打炭墼"的说法,这里的"九九八十一"是指夏至(一般为6月21日)后的九九八十一天,相当于白露与秋分之间,天气转凉。以前的上海人为了取暖,会使用一种铜制的手炉、脚炉。山区多木炭,可以使用木炭为燃料,农村则用大灶的余烬放入手炉、脚炉替代木炭,城郊则多使用"炭墼"。炭墼是一种用木炭碾成粉,加入适量黏土做成的"煤球",炭墼的燃烧温度不高,但可以延长炭的燃烧时间,不会产生炭灰和扬尘,是比较清洁的取暖燃料。在市区,市民不会像农民那样"家家打炭墼",城市里的炭墼通常由分布在大街小巷的煤球店供应。以前,上海的煤球店还供应一种用耐火材料制作的,不能燃烧的"炭墼",有的家庭或单位使用炭缸取暖,燃料使用木炭,木炭发火快,燃烧也快,放入这种不能燃烧的"炭墼",能够起到阻燃的作用,可以在保证室温的前提下,节省木炭。

20世纪后,上海的一些单位或机构改用炉子或热水汀取暖,炭墼的使用量明显下降。热水汀又称之为"水汀",是英文steam(蒸汽)的"洋泾浜语",就是利用蒸汽取暖的器具。如今,有许多取暖的器具可以选择,人们不必为冬日里的防寒取暖伤透脑筋。

二、冬至夜里一块肉

冬至是中国农历中一个非常重要的节气,在上海人心里也是个十分重要的传统民俗节日,在风俗上有"冬至大如年"的说法。冬至俗称"冬节""长至节""亚岁"等。冬至过节源于汉代,盛于唐宋,相沿至今。《清嘉录》记载有"冬至大如年"之说。冬至日的前一天,又叫作"小至",家家户户捣米做汤圆,以作为冬至日团圆围桌食用。过了冬至,就将迎接新年。

清代上海人秦荣光《上海县竹枝词》说:

冬至花糕更粉圆,分冬酒吃闹年年。
衣冠拜贺亲朋后,肉块堆盘夜祀先。

作者原注:"冬至,治花糕、粉圆祀先,衣冠相贺,名'分冬酒'。俗语:'冬至夜里一块肉,譬如不冬至'。"冬至是一年之中比较特殊的一天。这一天,亲朋好友,衣冠相贺,称之为"分冬酒",夜里要祭祀祖先,祭祀毕,祭品仍然是活人的口福,老百姓认为,吃了祭祀祖先的肉,可以增强体质,一年之中不怕冷。

以前,家庭的经济不富裕,缺衣少穿,食不果腹。"冬至大如年",许多地方把冬至称之为"小年"。于是,一到冬至,上海的家家户户会想方设法准备一些鸡鸭鱼肉,我的祖母告诉我们,冬至那一天吃下的东西,其营养价值相当于平时的几倍,可以抵御冬天的寒冷,于是,冬至的食物超越了食品的范畴,成了"补品"。因为冬至这一天吃的东西是补品,而不是食品,所以许多食物不放盐,而是加糖,那些加了冰糖、红枣的蹄髈,实在是令人生厌。不过"冬至夜里一块肉,譬如不冬至"的民谚俚语被商家利用,生产了"膏方"作为冬令进补的药方,如今已经蔚然成风,成为一种民风民俗。

三、冬日红泥小火炉

入冬以后,气候寒冷,人们改变饮食方式,吃火锅成了冬日的御寒饮食。以前江南地区的老百姓把火锅叫作"暖锅",有人作《暖锅》诗,说:

> 红铅九转器初成,十万钱输选馔精。
> 炊蜡厨边汤乍沸,肉屏风畔婢初擎。
> 添来炉火寒威解,味入丹田暖气生。
> 尚有寄居萧寺客,齑盐风味耐孤清。

在以前的上海,暖锅是稀罕之物,难得使用,于是,食物优中选优。暖锅以蜡为燃料,主要用于保温,而不是煮食物。后来,北方或其他地方以炭为燃料的铜质火锅传入上海,遂被称为"火锅"。火锅的底部是炉膛,中间设计为"烟囱",烟囱的四周有大大的"凹槽",那就是"锅",于是,上海人和广东一样,把它叫作"边炉",上海是一个大城市,商业发达、市面繁荣,有许多火锅店。1922年版《上海指南·卷五·饮食店·宵夜馆》中说:

宵夜馆为广东人所设,多在南京路、汉口路、福州路及附近……冬季有各种边炉。价有一元半、一元、半元之别。其物为虾、猪腰、鱿鱼、鸡、山鸡、鸡蛋、鱼片及菠菜等,皆生。又有兼售番菜、莲子羹、杏仁茶、咖啡等物者。

火锅是冬令食品,可以消闲,可以驱寒,于是,进入寒冬,上海的火锅店生意特别好,也特别闹猛。当时,上海工人的月收入通常在5元(银洋)左右,宵夜打边炉的价钱可不便宜啊。

清末出版朱文炳《海上竹枝词》咏:

> 冬日红泥小火炉,清汤菠菜味诚腴。
> 生鱼生鸭生鸡片,可作消寒九九图。

可在上海的农村,农民就没有这样的口福,冬天是农闲的时间,无事可干、闲得无聊的农民相聚在一起,有钱出钱,无钱出物,围着火炉吃东西、吹牛皮、取暖,上海人称之为"扛酿",清昆山人顾张思《土风录》卷六:"合出钱饮酒曰'扛酿'。"两个或许多人一起抬物称之为"扛",几个人大家出钱饮酒称之为"酿",如今"扛酿"一词在上海郊区仍在使用,而市区的人早已经不知何为"扛酿"了。

四、老虎灶里泡开水

上海人把熟水店叫作"老虎灶",名称的来历有多种说法,有的人说,这种炉灶形似趴在地上、睁着大眼睛的老虎,于是被叫作"老虎灶"。1906年出版《沪江商业市景词》中说:"灶开双眼兽形成,为此争传'老虎'名。巷口街头炉遍设,卖茶卖水闹声盈。"有的人说,这种炉灶每天"吞食"大量的柴火,其"食大如虎",于是被叫作"老虎灶",又有人认为,上海的老虎灶大多是利用民居改造的,为了排烟通风,会沿着外墙做一个直通屋顶的烟囱,上海的"洋泾浜语"把西方人开设在屋顶上的 roof window(屋顶窗)叫作"老虎窗",于是,这种把烟囱高高架在屋顶的灶头,理所当然被叫作"老虎灶"了,我比较赞同这种说法。

上海的老虎灶是伴随上海城市人口的增长而出现的。甲午战争后,1895年,中国与日本签订了丧权辱国的《马关条约》,外资工厂在上海大量出现,同时带动中国民族工业的发展和进步。工厂需要大量工人,上海提供的大量就业机会,吸引上海周边的城镇居民、农村里的人进入上海,19世纪末,上海城市人口开始以每年增加10万的速度上升。早期,进入上海的工人基本上是"单身汉",租赁房子生活,下班回家后,他们需要烧水泡茶、擦洗等,老虎灶应运而生。过去,上海家庭生活燃料主要是煤球炉,为了节省煤球,一般的家庭通常上午生炉子,把一天的饭菜做好,下午就把炉子熄了,所以,家家户户都会有许多热水瓶,下午以后的热水就只能依靠热水瓶了。可到了冬天,热水的使用量大了,热水瓶的热水不够用,那就得到老虎灶买水,上海人叫作"泡开水"。

上海的冬天潮湿寒冷,人们还使用汤婆子、热水袋取暖。元朝无名氏《东南纪闻》:"锡夫人者,俚谓之'汤婆',鞴锡为器,贮汤其间,霜天雪夜,置之衾间,用以暖足,因目为'汤婆'。"汤婆子、热水袋是御寒取暖的好东西,但到了冬天,家里的热水不够,就得到老虎灶"泡开水"。以前离我家5分钟的路程就有几家老虎灶,平时生意一般,而到了寒冷的冬天,老虎灶的熟水来不及供应,老板把只烧到七八十度的热水就提前售卖了,当然,许多人寒冬"泡开水"是为了取暖,也不在乎水开与不开。

改革开放后,上海的市政建设日新月异,市民的居住条件日益改善,传统的煤球炉逐渐被煤气灶、电磁炉取代,取暖的方式和手段越来越多,老虎灶渐渐地退出上海了。

街头即景

原创 2018-01-01 王丽萍

一

街角停着卖花的自行车,后座上搭了一个支架,两边兜着两个箩筐,里面是含苞欲放的玫瑰、康乃馨、香水百合……还有姹紫嫣红的勿忘我、雏菊、向日葵。这些花花草草伸着脖子说:来,带我回家吧!

老板娘很精干,打量我,阅人无数的样子,她目光上下一扫,笑眯眯道:要玫瑰对吧?灰色的?姐你气质真好!看着老亲的!

一下子被卖花的套近乎,我退后一步,保持矜持。

她热情地拍打了我:好眼光啊!姐,我给你包了啊!只见她利落地用一个花嚓嚓的纸把花那么一卷把,二十块。我沉着地:我还没有说要好吧?她继续开启赞美模式:你往这里一站姐,我就觉得你会买的!买这种颜色玫瑰的人特有品位啊!我犹豫了一下子:这个颜色是不是叫玫瑰灰?她爽朗地:高级灰!高级灰!我跟你说啊姐,你有没有觉得,有"高级"二字,就特别有档次啊是不是?我愣着看她,一下子觉得卖花的人好不容易啊,还要特别会说吧?她继续得吧得吧:这花屋里一放,多敞亮啊!一般不买花,不买一般花,你是买花不一般!

说时迟那时快,她已经把康乃馨往我怀里送了:"姐,过节一定要买花啊,喜气啊!还有,你串门不捧把花?来客人你家里好意思没有花?"哦,真不好意思!

终于,怀里堆着满满当当的鲜花,轰轰烈烈过年的节奏,刚刚要移步,她一声:姐!又让我回头,她快步过来,往我怀里放了一大朵香水百合!"这个有四个苞你瞧清楚了啊姐,往瓶里一放,一朵一朵开,香味道会沾到你头发上啊,送你!看你顺眼,再会,天天都是好心情啊!姐!"

后来,我窗前一把玫瑰花,桌上一把康乃馨,赤刮辣新,然后,看见那枝香水百合,我把它放在书桌上,天天都是好心情,还姐啊姐的,噗嗤一声笑出来。

二

电视剧里,常常有男人女人超市买菜的戏,比较夸张,他们抓起东西就往购物车里扔,价格么也不看,保质期么也不看,就这样大包大包地扔,实在是不真实的,真实的情节,就是在冷藏柜前,你胳膊一下子伸到最里面,下巴么昂起来,钩法钩法钩到最里边的东西,盯着日期算日脚……

所以,还是喜欢逛菜场。家里附近的菜市场也就那么一两个,几趟兜好,人家都记得你,路过鱼摊,他提醒你:我给你留好了啊,你上次买的就是鳜鱼啊;路过蔬菜档,一个烫发阿姨爽气得不得了:芦笋、青菜、青菜?喏,送你一把葱。太少?送你两把!一来二往,你都不大好意思"背叛"她去别的摊头了。

周末午后,我也闲,烫发阿姨也闲,买好菜我微信付款,她瞄了一记我:你这个年纪,眼睛还蛮好嘛!我警惕地:你看我微信?她嗤一下:我的客户,微信里字号个个都是特大号,我不想看也不行啊,倒是你,我蛮想看看,可看不着呀!我拿过菜要离开,她说等等等等,我说你不会送我三把葱吧?她仔细看看我的眼睛,神秘地说:你要去做美容了,你眼袋有点厉害啊!我吓得要扶住她,她指指自己的脸:我做过的……我一直去做美容的,不要以为我一个卖菜的就想不开了,我儿子都结婚成家了,我当然要把自己弄得漂漂亮亮喽!来来来,我再送你一把葱!你要去做眼袋啊!

拎了大袋子蔬菜,踩着冬日阳光的点点滴滴,回头看着老板娘广场舞培养出来的好身材,真是活色生香啊!拍拍自己的眼袋,要不要也来点想法哦?哈哈哈,新年快乐!日子都是自己的,快乐就好。

退休了住哪儿？

原创 2018-01-08 周炳揆

最近读到一个统计数字，说是85％的人退休以后依然住在原来的地方，有15％的人退休以后变换了住处。15％不是一个小数字，某日，一位做房地产的朋友说起很多经济宽裕的北方人在海南省的三亚购了房，退休后住过去养老，蔚为壮观的三亚"海滩广场舞"即由此而来，但是，两三年以后，许多人却把房子卖了，搬到更靠近子女、更靠近朋友的地方去了。

之所以发生这种情况，是因为退休时没有很好地做过规划，许多人认为退休了就可以做自己真正想做的事了——比如说旅游、弹钢琴、跳舞、写作、画画、写毛笔字等等，这很对，但就是没有问自己一个最基本的问题：什么样的"日常"生活才是你真正想要的？

回答好这个问题并不容易。原因之一,你会受到商业广告的诱惑——某地气候如何如何好,房价如何如何便宜,最适合退休养老等等;再则,你退休后想要的,往往是你在工作时无法实现的,但随着年龄的增长,你要的和当年所向往的可能完全不同了。

近20年前,我在杭州湾海滩附近买了一幢小屋,逢周末就去那边,凝视大海,放松身心,还想好退休以后可来此长住,远避都市的喧闹,在院子里"农家乐",种点蔬菜,招待亲友。退休以后,这些计划都没有实行——我发现自己并不需要每天凝视大海,六十几岁的人开车五十多公里到杭州湾也不是小事一桩,最主要的是人上了年纪免不了有这种那种的慢性病,而在杭州湾要找到一个可以开五六种药的诊所并不容易。

做退休计划的另一个误区是只考虑当今,不考虑将来。当你60岁时,可能活力依旧,换灯泡、修洗衣机、倒垃圾等都不是问题。但有没有考虑过你80岁时怎么办?钱可能不是你的问题,但你可能需要有人开车接送,万一摔跤了要有人扶起来,如果你的居住地不能提供诸多的配套服务,你的退休肯定是不完美的。

规划退休,不仅仅是考虑一些固定程式的事,比如说,每年出国旅游一次,每周和孩子们吃一次饭,一天隔一天通过视频和孙女聊聊天等。生活是由一些琐碎的事,一些短暂的瞬间组成的——每天去拿报纸看,早餐时喝一杯红茶,蒙蒙细雨中在林荫道溜达半小时……这些你不可或缺的生活乐趣,可能连你的配偶都不十分清楚,一旦换地方住,这些乐趣还会有吗?

所以,最后问你自己,住在原来的地方,住在你从小长大,把后代养育大的地方有什么不好呢?住乡间别墅,享受新鲜空气固然有吸引力,但是你失去的是几十年的邻居、朋友,周边的文化设施,熟悉的医生,便利的交通,所以,"以不变应万变",可能是最佳的退休规划呢。

你只管善良下去

(原创) 2018-01-08 高明昌

有一次,在人民路一家餐厅吃客饭,对面小学的学生也来吃饭。一男生被一女生挤翻了饭碗,男生哭了,我见状,觉得自己应该善良一下,就对孩子说,伯伯给你买,说罢就给孩子买饭了,买好我们各在一边吃饭。老板娘走了过来,朝我看后问,爷俩吃饭还分开?我告诉她,不是爷俩,我不认识他。老板娘说,稀奇了,不认识也买饭?是的,买了不穷,不买不富,无所谓。好人,看不出哎。我不回应,老板娘自知无趣走了,但眼睛老是盯着我们,直至孩子吃好后一个人走了,老板娘又摇了过来,俯下身子对我说,大兄弟,我看见了,你们真的不认识,大兄弟,我告诉你,今天你买彩票去,一定中奖。我问为什么?她说,因为你好心。我当然没有听她建言去买彩票,因为善良一次，与中奖毫无关系。

人生多舛，做好事有时别人也不相信，你只管善良下去。人向善、从善，与别人无关，你喜欢就行。

有一次在环城西路开车去上班，看见一辆桑塔纳轿车，开得很快，一根长约五米、很粗的麻绳从后车厢里逸出，麻绳像一条龙，在车屁股后歪东歪西，确实很危险。我拼命追了上去，追了好几分钟，硬是开到了桑车前面，停下，再招手，那车停了下来，问什么事？我告诉他，车后有一根尾巴。那人一看，马上将车尾巴塞进了车厢里，说，师傅人好，并作揖而去。我觉得没有什么好，只是表现出一点点善良。善良就会想到别人，而想到别人，自己心里也开心。开心是善良送来的，因此我需要善良。

善良真的会让你开心，我有一次去海湾，走近了大海，大海的浪潮一排排地滚动而来，颜色乌黄，就像老家的土地，浪潮冲到了脚后跟后，仔细看，发现其实大海的水是白的，而且白得晶晶亮，比井水还清澈。这事实震撼了我，许多人一直说杭州湾的水很黄、很浑浊，到浪潮边掬一把水在手心看看，才知道自己说错了。看到大海，我每一次都想到自己，我希望自己是大海里的一滴水，也希望与大海一样永恒，但这肯定是痴人说梦，能做到的就是善良，看水也一样，唯有善良才能看得见清水，才有可能看到大海的仁慈与胸怀。也在这时，你或许会发现自己真的很渺小。我不善良，我还能算什么！

最近应一家电视台邀请,做了一回嘉宾,与主持人对聊了一个小时,讲的都是家风的内容。节目播出后,有人看见了,就问,高老师,高作家啊,这次出场费是多少?我告诉他,一分也没有。那人直摇头,我也只好摇头,大家都有些小失望。是的,家风体现出的是"出必告,反必面"的道理,讲的就是门风,好的门风,比如少一点索取,多一点奉献。说的就是善良,不拿钱很对呀,可是怎么会不相信呢?那个时候突然觉得,善良有时是沉默,是勇敢,有些可以让人理解,有些可以让人不理解。想起了善良理解的难度,善良的人一直希望得到善良的理解与支持,其实这已经有索取的味道。这样一想就通了,你只管善良下去,别人怎么说,确实与你不相干。

真的,千万别说别人不善良。别人也善良,只是你没有看见。夜晚进小区,车路狭窄,北面进,南面出,有时南北搞错了怎么办?有一次,开车进来,对过也有车进来,相距三十米,大家都停了,大家都想退让,都想倒车,我反应慢,让眼前的车先倒了,我只好向前开,开过时将车窗摇下来想表示感谢,那车却轻轻地开走了,像什么也没发生一样。此景真让我哑然。我对许多人说,开车多年,我没有碰到过争抢的人。其实呢,有的,但你不顶着、不犟着、不横着,事情就过去了。善良啊,有时就是让步,就是不争,就是不抢,就是推却,就是礼让,有时是有点窝囊。这没有什么大不了的事情,过去了,就觉得自己做得很伟大。

我们这等人的善良,无法去做轰轰烈烈的大事情,比如上电视台捐一大笔钱给灾区。做不到就别做,挑做得到的做,人间的善良举动,大多出自于小事、平常事、举手之劳的事,值得我们去做。做的时候不问得失,只问自心,默默无闻,像晨光一样,也能一路芬芳。

暗香凝寒,疏影重遇

原创 2018-02-08 胡晓军

那年暮冬,有缘赴苏州梅园一游。

进得园中,天未破晓。小桥流水、楼台亭榭,都朦朦胧胧的,离大片花树已很近了,还是难见一瓣梅朵,只有口中呵出的白气,犹似一团团"寒梅著花未"的疑惑。有香氛度来,幽幽的、淡淡的,却都不如说是暗暗的,正应了王安石的那句"为有暗香来"。直感的视觉,依然固执地抵抗着灵感的嗅觉,而心呢,正忙着辨测究竟是空中既有,还是从意中所出,要知道那香之所以暗,就是未入眼前,就已入心的啊。

暗香一语,出自林逋《山园小梅》一诗:"疏影横斜水清浅,暗香浮动月黄昏。"所谓小梅,就是早梅;我在苏州,林居杭州,苏杭两地风物略同,只是隔了千年。此联一出,千年内引疏影、暗香者多不胜数。读诗词,是初逢;作诗词,是重遇。料他们都想以此,好与和靖先生重遇吧。其中杰作,诗举王安石《梅花》,词推姜白石《疏影》《暗香》。虽说诗有正道,词有别裁,但我仍以为姜词更胜。疏影暗香,好比两个花苞,王安石摘了一个,发出小小的一朵;姜白石采了一对,开成大大的一片。

我依《疏影》之韵,填成一阕——

噙香似玉。任朔风送冷,催起沉宿。已现疏枝,犹隐初华,空亭默对松竹。天机毕竟遮难住,遍早是、东西南北。恰语人、暖意平生,莫使远妃凄独。

相约齐来昨夜,倩谁安派下,黄白红绿。摩诘乡思,和靖亲情,自向西湖林屋。无端却怨东君近,只顾著、这番心曲。剩此晴、良久凝眸,盼那忆能盈幅。

姜夔先以"苔枝缀玉"为《疏影》点题,继而道出五位绝代佳人的故事,不过少了王维林逋,难免有憾。我以上阕留得昭君、唤来梅妃,又以下阕相邀摩诘居士与和靖先生,并将两位妃子的幽怨,与两位诗人的眷念相映,连成一片。却又担心光阴荏苒,暗香早晚会被越来越近的春风催散。我不是不爱春天,只是不愿失去眼前。无奈之余,此刻所能做的,唯有久久地凝视,盼望眼中所见,盈满记忆的画幅;此后所能做的,便是长长的等待,约定来年与暗香重遇。

《疏影》《暗香》二词,都是姜夔应范成大之请所作。辛亥那年冬季,姜夔冒雪去苏州,在范成大的石湖别墅暂住一月。范成大也擅诗词,也爱梅花,著有梅谱,却未见有好的梅诗。而姜夔最擅咏梅,今存姜词不过八十余阕,咏梅竟有十八阕之多。虽说范成大得了词曲,把玩不已,但我仍以为姜词只有一小半是作与范成大的,却有一大半是献给林和靖的。姜在苏州,林居杭州,苏杭两地风物略同,只隔了百余年,料姜夔是想以此,好与和靖先生重遇吧。林逋旷世才学、姜夔绝代天赋,二人布衣终生,只是林逋隐居半世,姜夔漂泊终老。林逋作诗随写随弃、不留片纸,姜夔不但作了精奇的歌词、谱下了清美的乐曲,更编成了歌集,传于后世。

前年暮冬,无暇往苏州梅园再访。梅约一拖再拖,直到去年仲春。

进得园中,已近正午。蓝天白云、草木泥石,都清清朗朗的,离大片花树已很近了,却也不见一瓣梅朵,只有心底发出的叹息,犹似一缕缕"片片吹尽也"的寂寥。有琴音飘来,幽幽的、淡淡的,却都不如说是疏疏的,似正是《疏影》《暗香》这两支名曲。灵感的听觉,依然坚执地牵引着直感的视觉,而心呢,更急切地想看到著花的梅树,哪怕一株一枝,甚至一朵一瓣也好,要知道梅花既能傲放于冰雪中,却也能盛开于艳阳下的啊。

果不其然,行至深处,终于发现几株晚梅。枝头花瓣,所剩无几,千万片的落英,早把树下的草地铺遍。光阴就像一位无心作画的才子,只匆匆涂了几笔,便将红红白白的颜料泼了一地。环顾四周,举目远眺,发现方才只顾寻梅,却忽略了一路和四周的景象。原来姹紫嫣红,已经开遍,暗香把自己凝在寒冬,却将百花释放,疏影留在此处,等待来年与暗香重遇。

我循《暗香》之韵,填成一阕——

妒仙秀色,已几堪谢了,疏微如笛。满地落英,俯拾千回不消摘。光景频摧急逝,何草草、无心留笔。更未顾、数片纷飞,飘送到残席。

花国,破淡寂。遍杏李柳桃,烂漫堆积。暗香化矣,凭此佳音作长忆。长忆曾清丽处,还尽在、寒江凝碧。只待我、歌一曲,好重遇得。

姜夔先以"旧时月色"为《暗香》点题,继而道出自己一段初时温馨、其间眷念、最终凄楚的爱情。现存姜词不过八十余阕,抒写这段爱情的却有十八阕之多,料姜夔是想以此,好与心爱之人重遇吧。原来《疏影》就是别了梅花之后的梅花,《暗香》就是失了爱情之后的爱情,是与那些注定消逝、无法留住的美好的约定和重遇。读诗词,是初逢;作诗词,是重遇。若有可能,我想以此,好与林逋高隐重遇、与姜夔词仙重遇;若无可能,也好与他们所深爱、所寄托的疏影和暗香重遇。

"现在开始应该是我找您了"

原创 2018-02-26 郭凯敏

事情要从2017年8月30日"夜光杯"上刊登的一篇《再唤郭凯敏》的文章说起。

作者谢则林如今年过八十,为了将一笔1991年收到的70元稿酬,还给因主演电影《庐山恋》而名声日隆的演员郭凯敏,继1992年在《羊城晚报》上撰文《郭凯敏,你在哪里》未果后,近三十年时间里他一直没有放弃寻找。终于,去年他在夜光杯版面上发表的《再唤郭凯敏》一文,由我们热情的读者将文章的APP版辗转发送到了郭凯敏的手机上。

于是,就有了郭凯敏这封感慨万千的回信;有了一笔虽然微薄却珍贵的诚信文化基金;有了一段人世间最美好的感情……并且,故事没完,让我们一起期待,即将由夜光杯引发的一场相隔近三十年的重逢……

——编者

谢老先生：您好！

去年夏天我中学同学汪卫平把夜光杯上"您在找我"的信息告诉了我，并转发了您刊登在新民APP夜光杯频道上的《郭凯敏，你在哪里？80岁老人在找你》的文章……由于一直忙于工作，迟复信息请见谅。

看过文章后起初的感觉是找我的原因似乎很简单，只是为了把当年一笔70元人民币的稿酬交给我。后又产生了很简单的事背后会有很多不简单的感想……如果从1992年找我起计至2018年已是26个春秋了。如果从今天谢老先生八十高龄倒计时，1992年该是您刚过了知天命之年。在这近三十年的时间里，您一定经历了诸多的风雨，当然也一定经历了不少的彩虹。只是这件透射着中国诚文化的很简单的事情，却使您"耿耿"难以忘怀。

您开始找我的时候，正是我们都开始经历着诚字缺失的时候。人们激情满怀地憧憬着城市，成功，成就……唯独冷落了诚信，诚实，诚真，以至于诚与傻，与呆，与木联姻了，以至于历史中的无"尖"不商，变成了现实版中的无奸不商。厚黑学的兴起，使诚为本的华夏文化辉煌之路上升起了迷雾。有意思的是现在您已是八十高龄，却还在为一个诚字"锲而不舍"。是诚文化老了，还是诚文化八零后了……我的认识是诚文化在华夏文化发展中始终保持着,虽然曾经被冷落,曾经有缺失,最终还是诚信者为胜者!这也许就是华夏文化的博大精深吧。

当得知这件事情的时候,我正在河北导演并主演一部电影《扶贫主任》。虽然天天拍摄工作很辛苦,但这件事情一直在我脑海里挥之不去。我想的不是简单地给您一个地址或信息,把70元稿酬拿到;更不是因为70元稿酬不值得一提,随之而忘却吧,而是想如何把您这种华夏诚文化精神传承下去……

明天就是中国农历戊戌年的正月初一了,巧合的是戊戌年也就是十二属相中的狗年,狗的天性就是忠诚,诚信,更巧合这也是我的本命年。

我想这笔微不足道的稿酬可以作为一个诚信文化基金的发起,期待诚信的人越来越多,期盼华夏诚文化越来越强大。华夏文化特别喜欢用长命百岁来表达对美好的祝福和期待,这是华夏文化的一个重要特征。它注重的是天地人和谐共处;注重天行健,君子以自强不息;注重以人为本,以仁为本,以诚为本。

现在开始应该是我找您了……有时间到上海我来拜访您,在此我诚挚地祝福您戊戌年快乐,长命百岁!

郭凯敏　2018.2.15

后　记

2016年,"夜光杯"创刊70周年之际,上海作家陈村写下了"爱夜光杯,就是爱上海"几个字。确实,"夜光杯"是上海的,是上海人的。"夜光杯"有着上海的味道,上海的气韵;更蕴含着上海人的文化,上海人的精神。

去年,"夜光杯"71岁,我们精选了71篇高点击率美文,集结成书,并选用了"爱夜光杯 爱上海"作为书名。时间真快,今年"夜光杯"72岁了。延续去年开启之模式,我们一如既往,继续推出《爱夜光杯 爱上海·2018》。收在今年这本书里的,是我们精心选出的、从2017年1月到2018年2月点击率颇高、广受欢迎的文章,共72篇。这其中,有不少是阅读量"100000＋"的佳作。

《爱夜光杯 爱上海·2018》,是对爱"夜光杯"、爱上海读者的一声暖暖问候,也是对"夜光杯""读者、编者、作者"朋友圈一份深深的谢意。感谢一路有你们做伴,也真心希望,翻开这本书,重温这些字,能让你们感到"悦读、悦心、悦人"。

在传播渠道多元的今天,我们依然相信:相信一些文字所拥有的温度与暖意;相信一个文化品牌,带给一座城以及一座城里之人的力量与信念,并为这座被誉为国际文化大都市的城,真正画好像、留好影、暖好心、聚好力……为此,我们一直在努力,我们愿意再出发。

一年一度,一期一会,字里相逢。《爱夜光杯 爱上海》,会一直编选下去。也希望爱"夜光杯"、爱上海的你们,一直都在。我们在一起。

新民晚报副刊部
2018 年 7 月 30 日